新时代背景下高校思想政治教育的理论与实践探析

谷 正 著

中国财经出版传媒集团

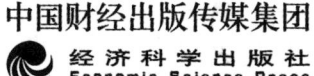

图书在版编目（CIP）数据

新时代背景下高校思想政治教育的理论与实践探析／谷正著．――北京：经济科学出版社，2022.9
ISBN 978-7-5218-4049-0

Ⅰ.①新… Ⅱ.①谷… Ⅲ.①高等学校-思想政治教育-研究-中国 Ⅳ.①G641

中国版本图书馆 CIP 数据核字（2022）第 175060 号

责任编辑：吴　敏
责任校对：靳玉环
责任印制：张佳裕

新时代背景下高校思想政治教育的理论与实践探析
谷　正　著
经济科学出版社出版、发行　新华书店经销
社址：北京市海淀区阜成路甲28号　邮编：100142
总编部电话：010-88191217　发行部电话：010-88191522
网址：www.esp.com.cn
电子邮箱：esp@esp.com.cn
天猫网店：经济科学出版社旗舰店
网址：http://jjkxcbs.tmall.com
北京季蜂印刷有限公司印装
710×1000　16开　12.25印张　200000字
2022年9月第1版　2022年9月第1次印刷
ISBN 978-7-5218-4049-0　定价：55.00元
(图书出现印装问题，本社负责调换。电话：010-88191510)
(版权所有　侵权必究　打击盗版　举报热线：010-88191661
QQ：2242791300　营销中心电话：010-88191537
电子邮箱：dbts@esp.com.cn)

前言

2016年12月7~8日，习近平在全国高校思想政治工作会议上的重要讲话站在实现中华民族伟大复兴的战略高度，科学地回答了高校培养什么样的人、如何培养、为谁培养这些根本问题，为做好新形势下高校思想政治工作指明了方向。中共中央、国务院印发《关于深化新时代学校思想政治理论课改革创新的若干意见》，指出要加强和改进高校思想政治工作的指导思想，坚持社会主义办学方向，扎根中国大地办大学，以立德树人作为根本，以理想信念教育作为核心，以社会主义核心价值观作为引领，培养德才兼备、又红又专、全面发展的中国特色社会主义合格建设者与可靠接班人。这充分体现了以习近平同志为核心的党中央对高校思想政治工作的重视，同时也对新时代思想政治理论课建设提出了更高的要求。当前，我国正处于百年未有之大变局中，处于坚持和发展中国特色社会主义的新时代，处于建设社会主义现代化强国、实现中华民族伟大复兴的关键时期，建设好学校思想政治理论课具有十分重大的意义。

高校思想政治工作就是要有效运用马克思主义理论武装高校学生的头脑，帮助他们认清历史发展规律，树立正确的世界观、人生观、价值观。这就要求我们坚持以马列主义、毛泽东思想、邓小平理论、"三个代表"重要思想、科学发展观和习近平新时代中国特色社会主义思想为指导，深入贯彻党的十九大以及十九届二中、三中、四中全会精神，解放思想，实事求是，与时俱进，深入开展马克思主义观点、立场、方法教育，宣传党的基本路线、基本理论、基本经验和基本纲领，这样才能不断增强高校思想政治理论课教学的实效性和针对性。

正是基于新时代背景以及对高校思想政治教育的新要求，笔者深入探讨了在高校思想政治教育创新进程中的理论与实践问题，撰写了《新时代背景下高校思想政治教育的理论与实践探析》一书。本书理论阐述有力，与高校实际紧密结合，对于加快高校思想政治教育的创新意义重大。全书共包含八章，包括高校思想政治教育的背景、理论阐释、对象目标、内容、主客体、路径，以及信息网络化与思想政治教育、心理学与思想政治教育，并在此基础上研究了新时代高校思想政治教育"大思政"格局的构建。

本书具有以下特色：

（1）注重历史与现实相结合。首先，分析了我国高校思想政治教育面临的机遇和挑战；其次，分析了我国进行高校思想政治教育的时代价值、战略地位和社会功能，以及当代高校思想政治教育的新趋势及其重要启示。

（2）注重理论与实践相结合。马克思主义思想政治教育理论是探索新时代高校思想政治教育的科学依据，是新时代高校思想政治教育的源头活水。本书力图从高校思想政治教育实践出发，将思想政治教育实践上升到理论高度，再运用到实践之中，使理论不断得到检验，实践不断丰富发展。

（3）注重传承与创新结合。本书在借鉴已有的高校思想政治教育研究成果的基础上，着重对当代高校思想政治教育的路径进行创新，形成了一些新的研究成果，如将信息网络化、心理健康教育与高校思想政治教育相结合，并将"大思政"的理念融入高校思想政治教育中，体现了创新探索的努力和成果。

本书理论性强，并有很多与实际相关的内容，因此能够帮助读者更好地理解高校思想政治教育的理论知识，在实际工作与生活中能够更好地理解与学习思想政治教育。

本书在撰写中得益于相关文献及其作者的启发和帮助，得益于相关出版行业领导、编辑的热心支持和鼓励帮助，他们不厌其烦地修改和校对，在此一并表示衷心感谢与敬意。

蔡元培先生曾说："欲知明日之社会，先看今日之校园。"高校承担着为中国特色社会主义事业培养建设者与接班人的责任和使命，而思想政治工作是学校其他一切工作的生命线，是高校立德树人的必然要求。使命崇高，任重道远，愿思想政治教育战线的各位同仁勠力同心，为新时代高校思想政治教育工作贡献智慧与力量。

作者
2022 年 6 月

目 录

第一章 新时代高校思想政治教育的背景 …………………… 1
    第一节 新时代高校思想政治教育的机遇和挑战 …………………… 1
    第二节 新时代高校思想政治教育亟待解决的重大课题 …………… 6
    第三节 新时代高校思想政治教育的战略地位与社会功能 ………… 10
    第四节 新时代高校思想政治教育的新形势及其重要启示 ………… 19

第二章 新时代高校思想政治教育的理论阐释 …………………… 28
    第一节 高校思想政治教育的科学内涵 …………………………… 28
    第二节 高校思想政治教育的理论基础 …………………………… 30
    第三节 高校思想政治教育的理念创新 …………………………… 37

第三章 新时代高校思想政治教育的对象目标 …………………… 59
    第一节 高校思想政治教育的对象 ………………………………… 59
    第二节 高校思想政治教育的目标 ………………………………… 67
    第三节 高校思想政治教育的基本原则 …………………………… 71

第四章 新时代高校思想政治教育的内容 ………………………… 76
    第一节 高校思想政治教育的传统观念 …………………………… 76
    第二节 新时代高校思想政治教育的创新内容 …………………… 99

第五章 新时代高校思想政治教育的主客体 …………………… 110
    第一节 高校思想政治教育的主体 ………………………………… 110
    第二节 高校思想政治教育的客体 ………………………………… 116

第三节　主体教育思想与高校思想政治教育 …………………… 122

　　第四节　学生个体社会化与高校思想政治教育 ………………… 125

第六章　新时代高校思想政治教育的路径 ………………………… 129

　　第一节　充分发挥课堂主渠道作用 ……………………………… 129

　　第二节　充分发挥校园文化的作用 ……………………………… 140

　　第三节　充分发挥社会实践的作用 ……………………………… 147

第七章　新时代高校思想政治教育的发展 ………………………… 152

　　第一节　信息网络化与高校思想政治教育 ……………………… 152

　　第二节　心理健康与高校思想政治教育 ………………………… 158

第八章　新时代高校思想政治教育"大思政"格局的构建 ……… 174

　　第一节　"大思政"格局的背景 ………………………………… 174

　　第二节　"大思政"与高校思想政治教育的关系 ……………… 177

　　第三节　"大思政"理念下高校思想政治教育的策略 ………… 179

参考文献 …………………………………………………………………… 188

第一章　新时代高校思想政治教育的背景

在新时代，高校既面临着许多有利于发展的大好机遇，又面临着复杂局势带来的严峻挑战。高校思想政治教育必须认清形势，明确所处的现实背景，才能努力开辟、改革创新，以适应形势发展提出的新要求。2016年12月7~8日，习近平在全国高校思想政治工作会议上强调，高校思想政治工作与高校培养什么样的人、如何培养人、为谁培养人有着密切的关系。如何培养社会主义合格的建设者与接班人，高校教育有着重要的使命。现如今，高校教育的主要对象是"95后""00后"，他们从小在优越的环境中成长，因此具有明显的新时代特征，这就要求高校教育，尤其是高校思想政治教育需要不断转型，以符合新时代的要求。本章就新时代高校思想政治教育的背景展开分析。

第一节　新时代高校思想政治教育的机遇和挑战

一、新时代给高校思想政治教育带来的良好机遇

（一）新时代更加凸显了加强高校思想政治教育的重要性

可以从新时代所内含的多个方面来认识新时代的到来对高校思想政治教育的重要性。知识经济的发展以知识的生产运用为基础，同时也是以教育的发展、教育对人力资源的开发为基础的。美国著名记者、作家大卫·霍伯斯丹在《下世纪——谁主宰世界》一书中写道："世界比以往更快地变动。由

科技所推动的改变有它自己的速度，赶不上就会落伍。工作需要更高层次的教育及能力，不仅美国如此，全世界都一样……谁将是赢家和谁将是输家的界限似乎比以往更明显了，而这正是教育造成的。"① 美国前总统克林顿在1997 年的公开演讲中也指出，我们迈向 21 世纪的知识经济还需要一种新的经济战略，而实现教育领先将比以往任何时候都更为重要。

知识经济不断发展，其对教育的倚重包含着对高校思想政治教育的倚重。这是因为知识经济的发展以知识的生产、运用和创新为基础，与此相应，知识的掌握程度成为直接关乎综合国力的关键因素。知识无国界，但是掌握知识的人却有祖国。国家正是通过对有着强烈国家归属意识、民族责任意识与爱国精神的人才的拥有而实现对知识的拥有，从而获得在日益激烈的国际竞争中不断增强自身综合国力的可能性。因此，知识经济越发展，人才的思想政治素质也就应该越高。

（二）新时代为高校思想政治教育的加强和改进提供了良好的载体

高校思想政治教育作为一种特殊的教育实践活动，凭借着相应的载体而实施进行。载体的种类、性质往往制约着高校思想政治教育的效果，与此对应，载体的发展水平也往往展示着高校思想政治教育可能达到的水平。如前所述，当前人类社会所面临的迅速变化是以微电子技术为核心的新科技为主导的变革。这一变革给人类社会带来了深远的影响，也为高校思想政治教育的实施创造了新型的现代化载体。随着科学技术的进步，新型的现代化载体将越来越多，只要高校思想政治教育者善于思考，善于学习，就可以不断地掌握并运用好新的载体，从而赋予高校思想政治教育以崭新的、富有吸引力的形象和色彩。

（三）新时代为高校思想政治教育资源和教育内容的拓展提供了良好契机

新的时代为高校思想政治教育内容的拓展提供了良好契机。高校思想

---

① 转引自张耀灿，高长舒，王体正. 高校灵魂工程：新世纪高校思想政治教育前瞻性研究[M]. 武汉：武汉大学出版社，2002.

政治教育的内容是围绕着特定高校思想政治教育目的的实现而设定的，就此而言，它有着稳定性的一面。高校思想政治教育的目的随着社会的发展而不断地增加新的内涵，高校思想政治教育的内容也需要不断地根据新的现实进行调整，就此而言，高校思想政治教育内容又有动态发展性。新时代的到来，人类社会实践的最新发展，中国社会主义建设实践的新的发展，都为高校思想政治教育内容的相应拓展提供了现实可能性。例如，知识经济是以知识的生产、运用为基础的。知识经济的这种特征决定了知识创新的特殊地位和关键作用，而知识创新离不开高素质创新型人才的培养。创新型人才的培养对高校思想政治教育提出了不断创新的要求，同时也使培养学生的创新精神、创新品质和营造学校的创新环境和氛围成为高校思想政治教育的应有内容。创新精神和创新品质是思想政治素质在科学研究领域中的表现形态。它要求高校思想政治教育注意培养学生不怕风险、不怕牺牲和敢为天下先的精神，同时还要有热爱科学、献身事业和不断进取的人生态度，百折不挠和敢于战胜困难的顽强意志。创新环境和氛围是指高校思想政治教育要在学校营造一种鼓励创新、勇于创新、学习创新的环境氛围，激发学生的创新欲望和创新灵感，等等。

除此之外，知识经济的发展还要求不断培养学生的合作精神、团队精神。经济全球化既是高校思想政治教育的现实背景，又是高校思想政治教育的重要内容。随着我国加入世界贸易组织、融入经济全球化进入新的发展阶段，要求我们必须不断强化爱国主义教育和民族责任意识等，这些都对高校思想政治教育内容的拓展提出了现实要求，并提供了良好契机。

二、新时代向高校思想政治教育提出的严峻挑战

机遇和挑战往往是共生的。新时代在给高校思想政治教育带来良好机遇的同时，也向高校思想政治教育提出了多方面的严峻挑战。

（一）高校思想政治教育对象信息接收行为方式的不断变换

随着信息技术不断发展，通过电子网络获取信息日益成为人们获取信息的基本方式。信息化的进程是人们获取信息的手段日益先进、信源日益

广泛、信道日益多样的进程,也是从总体上日益打破不同个体之间存在的信息获取级差的过程。如果说在信息技术不甚发达的条件下,高校思想政治教育作为贯彻国家和社会意志的一种有组织、有计划的系统教育活动,尚具有权威信源特点的话,那么信息化的发展则已打破了高校思想政治教育原有的权威信源的地位。信息传播日益多元、多质,教育对象接受不同主体经不同途径传递的不同倾向思想意识的频度越来越大,其信息摄取行为也日益个体化、隐蔽化,接收信息的自主能动性越来越强。在这种情况下,高校思想政治教育者如何发挥自己在整个教育过程中的主导作用?对于高校思想政治教育者而言,这无疑是一个巨大的挑战。信息化的进程缩减了高校思想政治教育者与教育对象之间的信息级差,促成二者之间在信息获取方面平等关系的形成,从而也促进着教育对象平等观念、民主观念的形成和强化。

另外,随着社会不断发展,教育对象的个性化需求越来越突出,社会发展对高校所输送人才的创新素质的要求也越来越高……高校思想政治教育对象的这些新的变化对在原有高校思想政治教育条件下,高校思想政治教育者所形成的一些工作观念也提出了挑战。

例如,在高校思想政治教育价值上,长期以来,不少高校思想政治教育者所信奉的是一种规范适应型高校思想政治教育价值观。这种高校思想政治教育价值观容易忽略对学生道德能力的培养,而离开了相应的道德能力,学生对高校思想政治教育规范的遵循便是盲目的或形式上的遵循,不能转化为学生牢固的道德认识和道德情感;当学生离开这一特定的高校思想政治教育环境与高校思想政治教育规范,面对新的问题和情况时,便不易做出科学的道德判断,实施正确的自我教育。同时,规范适应型的高校思想政治教育价值观会以其对规范适应的注重而弱化高校思想政治教育的信仰塑造职能。高校思想政治教育具有超越的本性,它以对某种特定理想性高远目标的树立,塑造高校思想政治教育对象的坚定信仰,为高校思想政治教育对象提供精神支柱,从而也为整个社会的发展提供精神性的动力。缺乏信仰塑造职能的高校思想政治教育必然沦为简单事务性管理的角色;缺乏坚定信仰的高校思想政治教育对象可以在特定时空条件下遵循某种规则、要求,循规蹈矩,但不可能有对远大理想恒久的、强烈的向往与追求，不可能有对相应规范的创造性内化的能动性。在我们亟须强化大学生的理想与信念、强调创新型人才培养的今天，如何走出上述观念误区，显然也是高校思想政治教育者所面临的又一挑战。

（二）高校思想政治教育对象生存方式的改变

随着科技不断发展，人们的生活方式也日益多样化。人们客观实际的生活方式本身便是深刻影响人们思想意识观念的一种强大力量。这种力量可以和高校思想政治教育形成一种合力，促进高校思想政治教育目标的实现，但也可以成为高校思想政治教育的一种阻力，阻碍高校思想政治教育目标的实现。

在新时代，数字化生存、网络化生存等日益成为人们熟知的字眼，它突出表明的是人们日常生活对网络、对信息技术日益增强的依赖性。这种网络化生存对于青年大学生的成长有其有利的一面，即能够促进高校思想政治教育目标的实现；但也有其消极的、不利于高校思想政治教育目标实现的一面，例如，网络化生存容易导致青年大学生形成技术主义的思想倾向；容易导致青年大学生个性主义膨胀，追求个人的绝对自由；此外网络这个"人—机"构成的"虚拟实在"在使人机亲近的同时，又不可避免地造成人与人之间的疏远，从而影响青年大学生心理、情感甚或整个人格健康而全面的发展；这种"虚拟实在"还容易诱发网民的不信任态度，强化他们"游戏人生"的心态；这个"虚拟实在"还容易诱发网民强烈的叛逆性，正如有的研究者所指出的那样，一些网民往往容易"漠视权威，无视中心，忽视规则……具有强烈创造精神和探索精神的网民会加入'黑客'的队伍。他们把网络技术运用看作是一种自我智力的挑战，在网络中越不允许一般网民进入的地方，他们越想进入……"[1] 网络化生存所容易带来的上述种种负面影响无疑有碍于高校思想政治教育对象的身心全面健康发展，它们的产生对高校思想政治教育目标的顺利实现提出了挑战。

---

[1] 张耀灿，高长舒，王体正. 高校灵魂工程：新世纪高校思想政治教育前瞻性研究 [M]. 武汉：武汉大学出版社，2002.

第二节　新时代高校思想政治教育亟待解决的重大课题

世界政治格局不断改变,加上经济全球化与科学技术的发展,多元文化的冲击,以及中国进行的社会主义制度的自我完善,构成了新时代高校思想政治教育发展的大背景。而"政治性与服务性""主导性与多样性"等诸关系是新时代高校思想政治教育理论与实践亟待解决的重要课题。

一、政治性与服务性的关系

社会主义现代化建设是当前我们各项工作中的最大政治任务,作为意识形态领域的高校思想政治教育处于为建设有中国特色的社会主义服务的地位,是政治性和服务性的有机统一。正确认识社会主义现阶段高校思想政治工作的地位和作用是搞好新时代高校思想政治教育的首要问题,关系到能否把高校思想政治教育的社会效益贯穿到学校"育人"的全过程,提高高校思想政治教育的社会效益关系到社会主义的办学方向,关系到高校的改革、发展和稳定的大局。因此,新时代高校思想政治教育处理好政治与服务的关系十分重要。

(一)高校思想政治教育要把讲政治放在育人的首位

中国共产党历来重视高校思想政治教育,把学校德育放在首位。大学生是国家和民族的未来,教育和培养他们是社会主义事业的奠基工程,也是广大人民群众的期望与心愿。学校培养出来的学生的思想道德素质和科学文化素质如何,直接关系到21世纪中国的面貌,关系到我国社会主义现代化战略目标能否实现,关系到坚持党的基本路线一百年不动摇,因此必须站在历史的高度,以战略的眼光来认识新时代学校工作的重要性。然而,在现实情况中,人们对德育工作的重要性,对思想道德素质在人才培养中的重要性的认识还存在一定的差距。高校思想政治教育坚持得好不好、开展得好不好，关系重大。这个问题不解决，我们培养出来的大学生是无法胜任 21 世纪的国际竞争的。

（二）高校思想政治教育既要讲政治，又要讲服务

高等学校的根本任务是为建设中国特色的社会主义事业培养合格的建设者和接班人，学校高校思想政治教育、教学、科研和管理等各个方面的工作都要围绕这一中心工作去做。

我们强调服务于中心工作，搞好高校思想政治教育。第一，要强化服务观念。从本质上讲，高校思想政治教育为学校的中心工作服务，为培养合格的大学生服务。主动、热情、有效的服务应成为新时代高校思想政治教育者的基本精神和行为准则。只有树立了正确的服务观念，才能使高校思想政治教育摆正位置、找到工作重点。第二，为中心工作服务并不是代替某个部门去做具体的工作，而是致力于为高校稳定、改革、发展提供精神动力和思想保障。高校思想政治教育要体现自身的价值，必须正确地行使自己的工作职能，正确认识和充分发挥自己的优势。第三，为中心工作服务必须具体化。对于任何一项工作，其在学校整体工作中处于什么位置、要达到什么目的、实施的途径和手段是什么、会产生什么样的效力、各方面的力量怎样协调等都要经过统筹规划。完成具体的高校思想政治教育工作也要从整体上策划、运作，保证最大限度地发挥高校思想政治工作的效能。第四，社会主义市场经济体制的确立引进了优胜劣汰的竞争机制。高校思想政治教育面对日益激烈的竞争态势，应努力创造条件，促进教学科研水平的提高，创建让人才脱颖而出的公平竞争环境，扫除影响平等竞争的思想障碍。

现阶段，高校思想政治教育存在两个方面的问题。

一是对高校思想政治教育的政治地位认识不足，高校思想政治教育出现弱化趋势。十一届三中全会以前，在极"左"思潮的影响下，各领域搞政治挂帅，片面夸大意识的能动作用，把高校思想政治教育看成是包治百病的灵丹妙药。改革开放后，思想战线肃清了"左"倾流毒，解放了思想。但同时一些高等院校的高校思想政治教育又从一个极端走向另一个极端。一谈政治就感到恐慌，把政治和"左"倾画等号，忽视、弱化高校思想政治教育，认

为在社会主义初级阶段既然存在着多种所有制，存在着各种不同的思想意识，对大学生的思想道德素质要求便可以放松，放任自流。

二是部分高校思想政治教育流于形式，严重脱离实际。对高校思想政治教育的"服务性"地位缺乏认识，不能科学理解高校思想政治教育要以社会主义现代化建设为中心，要为培养人的全面发展服务，导致部分高校思想政治教育流于形式，严重脱离实际。高校思想政治教育者队伍素质不高，难以适应现代社会发展要求。高校思想政治教育只是头痛医头，脚痛治脚，于是高校思想政治教育自然就成了"救火车"和"消防队"。

我们应当承认，在相当长的一段时间里，高校思想政治教育始终处于一种态度上忽冷忽热，目标上忽高忽低，内容上缺乏完整性、科学性的局面。上述两个方面的问题说到底还是对高校思想政治教育的地位和作用认识不清，对高校思想政治教育的政治性与服务性的辩证关系认识不足。

（三）正确处理政治性与服务性的关系

在新时代，我们必须对高校思想政治教育政治性与服务性加以理性思考和科学辨析，在时代的坐标上锁定高校思想政治教育"政治性"和"服务性"辩证统一的位置。

就理论层面来说，物质与精神、经济与政治之间是辩证统一的关系。不能把生产力最终决定作用的原理庸俗化，不能贬低甚至否认精神和政治的反作用，不能只见其物不见其人；越是经济建设和日常事务繁忙的时候，越要关心政治，越要关心人的思想和精神状态。这就决定了新时代的高校思想政治教育不仅是社会主义发展的内在要求，而且决定了高校在任何时候都必须坚持高校思想政治教育，这是关系我国社会主义旗帜是否能千秋万代高举的大事，是最大的政治。同时，我们还必须坚持高校思想政治教育要服从并服务于经济建设。高校思想政治教育服从什么和服务于什么正是高校思想政治教育在不同社会、不同历史时期的特殊性。就宏观层面来说，当代中国高校思想政治教育是围绕经济建设这个中心，为其发展起导向和服务作用的；从微观层面来说，高校思想政治教育要以人为本，要为培养有理想、有道德、有文化、有纪律的社会主义"四有"公民服务，要为提高全民族的思想道德素质和科学文化素质做出贡献。

二、主导性与多样性的关系

相对于高度集中统一的计划经济体制下社会文化单一、意识形态单纯、社会价值观高度同质的状况来说,新时代高校思想政治教育所处的社会环境非常复杂,其一个重要特征是多样化的发展趋势日益显著,包括经济成分和利益主体多样化,生活方式多样化,就业方式多样化,社会组织形式多样化。可以说,正因为这种多样化,我们的社会和高等教育才显示出巨大的发展动力,才有了生生不息的活力,才有了一个现代社会所应该而且必须具有的巨大包容量,才有了社会日新月异的飞速发展。但另一方面,随着社会主义市场经济体制的确立,以公有制为主体、多种经济成分共同发展的经济格局必然会对高校思想文化领域产生极大的影响。经济成分的多样化必然带来思想的多样化,多种文化和多种价值观的并存是当今高校思想文化领域不以人的意志为转移的客观事实。多样化和多种价值观的出现固然有利于各种思想、文化和不同价值观的比较,有利于我们吸取人类所创造的一切思想、文化和道德的优秀成果,但是也容易造成高校师生思想的混乱和选择的迷茫。特别是,由于我们是在对外开放的条件下进行社会主义现代化建设,国际范围的各种政治、思想和文化力量都在不同程度地影响着这一多样化的发展趋势,这就进一步增加了高校新时代高校思想政治教育的难度,给高校思想政治教育带来了新的课题,提出了更高的要求。

在展开高校思想政治教育的过程中,尤其是在确定高校思想政治教育的任务、目标、对象、方法及步骤时,要注意处理好主导性与多样性的关系。尤其是在一元化与多样化的问题上,高校思想政治教育必须始终坚持一元的价值导向,同时又充分肯定思想多样化的客观现实,深入研究在多样化的环境下如何坚持指导思想的一元化。始终明确不同思想、文化、价值观的共同存在,必须有利于社会主义的思想、文化和价值观的繁荣和发展,有利于社会的进步。而一元价值导向作用的发挥不是靠压服、强制来限制不同的意见,而是靠真理和事实来说话,通过比较和鉴别,提高广大师生的思想觉悟和道德境界,使他们最终接受马克思主义理论,认同中国特色的社会主义道路,树立科学的理想、信念和价值观。因此,坚持统一性与针对性相结合的教育原则，主导性与多样性相结合的教育内容，先进性与广泛性相结合的教育要求，应是新世纪中国高校思想政治教育的必然选择。

第三节　新时代高校思想政治教育的战略地位与社会功能

一、新时代高校思想政治教育的战略地位

（一）高校思想政治工作是一切工作的"生命线"

高校思想政治工作是经济工作和其他一切工作的"生命线"，这一论断是在认真总结经验的基础上提出来的科学论断，是中国共产党的一贯主张。长期以来，中国共产党一直用"生命线"来概括和表述高校思想政治工作在革命和建设中的重要地位。所谓"生命线"，是指高校思想政治工作对经济工作和其他一切工作起保证作用，就像空气、阳光、水和粮食对于维持人类生存一样，是不可缺少的根本要素。高校思想政治工作作为"生命线"的地位与作用不是主观臆造的，而是社会发展的客观规律所决定的，是对革命和建设历史经验的科学总结。

在新时代，发挥高校思想政治工作的"生命线"作用，首先要抓思想，从思想教育入手；领导干部要讲政治，善于从政治上观察和处理问题；防止见物不见人，埋头经济工作、忽视高校思想政治工作的倾向。高校思想政治工作中的"思想"不仅包括人的理性认识、感性认识，也包括人的情感、意志及其外部表现行为，是泛指人在社会生活中的全部认识和整个精神面貌。从思想教育入手，要求随时注意掌握人们的思想状况，有针对性地加强思想引导，用正确的思想战胜不正确的思想。

（二）高校思想政治工作是实现党和国家各项任务的中心环节

高校思想政治工作在党的整个工作系统中居于中心环节。高校思想政

治工作贯穿于党的工作的方方面面，是党把各项具体工作和各项工作的具体环节联系起来的枢纽。中国共产党是执政党，党的领导是我们事业胜利的根本保证，而高校思想政治工作则是改善党对各项工作领导的关键。

第一，高校思想政治工作能够提高人民群众的认识水平，使广大群众相信党的路线、方针、政策的正确性，自觉地在各项工作和社会活动中按照党的路线、方针、政策办事，并逐步使党的路线、方针、政策成为亿万群众的自觉行动。

第二，高校思想政治工作能够排除"左"和右的错误倾向的干扰，使广大干部、群众保持清醒的政治头脑，保证党的路线方针、政策能在实践中贯彻执行，得以正确实施。

第三，高校思想政治工作能够振奋人民群众的革命精神，保证全国人民与党同心同德，为实现党的总任务而奋斗。现在，中国共产党的大政方针已定，关键是抓落实。为了实现新时代发展宏伟目标，必须把高校思想政治工作切实抓紧抓好。这是改善党对各项工作领导的关键。

二、新时代高校思想政治教育的社会功能

思想政治学科本质体现的第一个方面是该学科与社会的关系。思想政治学科作为教育和学校课程的一个重要组成部分，与社会和学校其他各科教学有着十分密切的关系。了解这一关系对于理解该学科的本质功能是极为必要的。下面我们将分别讨论思想政治学科与社会政治、经济、文化的关系，以及思想政治学科与其他各科教学的关系。

（一）高校思想政治学科教育与社会政治

目前，在我国高校开设的思想政治学科，从它的历史、现实的实践角度和理论角度看，其都与社会政治有着极为密切的关系。认真分析它们之间的关系可以看到其表现为两个大的基本方面：直接的决定作用，即社会政治对思想政治学科具有强烈的影响和制约作用，以及思想政治学科对于社会政治巨大的影响作用。

1. 社会政治对思想政治学科的影响

从政治与教育的关系来看，政治对于教育不具有决定作用。这是因

为：其一，政治与教育都是社会总系统中的子系统，虽然它们在社会发展中的表现形态不同，发生作用的方式和作用的程度也不同，但作为子系统，它们在社会总系统中的位置是同等的，不可能出现同等子系统之间相互起决定作用的状况。其二，政治作为社会上层建筑的核心部分，对于上层建筑其他部分的影响作用是巨大的，但是教育从其总体上讲不能简单归属于上层建筑，在教育中只有反映人们对教育认识的思想观念，人们所制定的教育政策、法规以及教育中涉及对人的思想观念发生影响的部分才属于上层建筑。而教育的客观现象和规律，教育中涉及科学技术和社会生产的部分是不能归属到上层建筑领域的。因此，不能简单得出处于上层建筑核心部分的社会政治对于并非全部属于上层建筑的教育发生决定作用的结论。

但是，政治与高校思想政治学科教育的关系却不同，不论从理论还是实践的角度看，社会政治对于高校思想政治学科教育都具有强烈的影响和制约作用，或称直接的决定作用。

就理论层面来说，社会政治是社会上层建筑的核心部分，对于上层建筑的其他部分有着重大的影响。而思想政治学科从总体上讲传播的是社会占统治地位的意识形态，它的开设并不是要解决人们如何在社会中生活所必须学习掌握的社会生产和生活方面知识的问题，而是要解决人们在社会中生活发生的与社会、国家、集体、他人和自己的关系的问题，以及对社会、国家、集体、他人、自己的看法、观念、态度和信仰的问题。思想政治学科是围绕、参与人们的思想、观点、信念等意识形态的形成和发展而展开的。因此，可以说思想政治学科从本质上看是一门意识形态方面的课程。而社会政治作为上层建筑的核心部分，就不能不对这样一门深入涉及人们思想意识的思想政治学科产生强烈的影响和制约作用。

就实践层面来说，社会政治对于高校思想政治学科教育发展所起的作用也是强烈的，带有决定性质。第一，社会占统治地位阶级的阶级性质决定思想政治这类学科的名称和性质。在这一点上，思想政治这类学科与其他许多学科有所不同。例如，语文、数学、物理等学科虽然在不同性质的社会中它们的名称和教学内容会有一些不同，但在其基本方面则是相同的。对于这些学科来说，不论是在什么性质的社会中，也不论是哪个阶级掌握国家政权，它们的教学内容和教学方式都不会发生太大的改变。而思想政治学科则不同，国家和社会的性质直接决定着这一学科的名称和性质。国家和社会制度的性质不同，这一学科的性质和名称就不同。国家和社会的性质发生了改变，也一定会引起这一学科性质和名称发生相应的改变。在我国历史上，因社会制度变革引起的与政治相关课程变革的例子比比皆是。从辛亥革命以后三次复辟引起的学校相关课程的变化，到新中国成立以后对旧教育中党义和公民课的改造，都清楚地证明了这一点。第二，社会占统治地位阶级的意识形态决定思想政治学科的教学内容。这一点只要稍有一些比较政治教育方面常识的人都是认可的。在我国和世界其他国家，对于学生在学校中接受哪些内容的思想、政治方面的教育引导，国家都是高度关注的；对于思想政治学科的教育内容，国家甚至是统一设置或多途径干预。第三，政治对于思想政治学科强烈的影响和制约作用还表现在通过政策、法律、法规等方式对思想政治学科实施控制和指导。这一点在我国表现得非常突出。新中国成立以来，通过培养思想政治课程教师、编制课程标准、出版教材等方式使思想政治学科与社会政治基本上保持一致。思想政治学科的教师是师范院校培养的，而师范院校的培养目标、课程设置、教学内容都是在国家教育主管部门的统一领导下编制的，这样就保证了师资队伍的整体方向和水平。该学科的课程标准是在国家教育主管部门的直接领导和参与下编制完成的。教材由特设的专门委员会审查通过才能出版、发行并投入使用。

总之，无论是在理论层面还是在实践层面，社会政治都对高校思想政治学科教育产生了强烈的、巨大的影响和制约作用，这种影响和作用是直接的、全方位的、细致的和深远的。因此，思想政治学科是作为社会政治的一部分而存在的，这是思想政治学科与其他学科一个巨大的区别。

2. 高校思想政治学科教育对社会政治的影响

高校思想政治学科教育对于社会政治同样有着巨大的影响和制约作用。这种作用至少表现在以下两个方面。

首先，高校思想政治学科教育对于学生形成和统一对国家政权、党的路线、方针、政策、社会重大政治事件的认识和看法有积极的影响和作用，这对于国家政权的稳定、形成稳定发展的社会局面至关重要。在和平年代，虽然还不能说他们能对社会政治产生了实质性的影响，但是十七八岁青年的政治态度已不是一个可以忽视的问题。作为当今的社会成员，他们能否形成对社会政治一些根本问题的正确看法，对于社会的安定团结、平稳发展已有一定影响。而思想政治学科正是在这一方面给他们以指导，教他们掌握一定的政治理论，了解社会政治的复杂性和一些社会政治现象，以帮助他们形成对社会政治的正确看法。这就从间接的层面对当前的社会政治产生影响和作用。

其次，高校思想政治学科教育能够促进未来社会成员在思想、政治、道德方面的社会化，影响他们社会化的方向，形成与社会发展相适应的政治法律观念、意识和信念。在不久的未来，当他们走上社会的时候，就会形成对社会正确的态度，进而对社会的安定团结和稳定发展发挥积极的推动作用。

(二) 高校思想政治学科教育与社会经济

讨论思想政治学科与社会经济之间的关系，首先要对社会物质的生产方式有一个大体的了解。社会物质的生产方式可以分为社会生产和社会经济基础两个方面。所谓社会生产，侧重于生产的实际运作和生产力，而经济基础则侧重于社会的经济制度和社会生产关系。在这两个方面与思想政治学科都有着千丝万缕的联系。

1. 社会经济对于思想政治学科有着巨大的决定作用

社会经济对于思想政治学科的决定作用表现在两个层面：直观的、表层的现象层面（直接的决定作用）和深层的、本质的、理性层面（间接的决定作用）。从直观、现象的层面看，经济对于高校思想政治学科教育的作用主要是通过它本身作为高校思想政治学科教育的内容之一而发挥的。在我国目前的高校思想政治学科教育中，经济的相关理论、经济制度、经济体制方面的知识是重要的教育内容。使学生了解我国的经济制度和经济运行方式，掌握马克思主义关于经济研究的基本观点和理论，为学生未来进入社会经济生活做准备，是进行这方面教育的出发点和立足点。而经济理论的发展、经济体制和制度的变化、经济政策（涉及思想政治学科教学内容的部分）的调整，必然会带动和影响思想政治学科教学内容的变动和调整。例如，我国从社会主义计划经济向社会主义市场经济的调整使得高校思想政治学科教育中的经济理论和经济体制方面的内容发生了重大的变革；我国农业经济形式的变革，从人民公社制到联产承包责任制，到适度规模经营等，也都引起了思想政治学科教学内容的变化。这种社会经济发展变化影响和制约着高校思想政治学科教育，是经济对高校思想政治学科教育发生的直接的影响和作用。

从静态上看，社会生产力发展的水平决定着社会经济制度的性质，社会经济制度又决定着社会政治当中最重要的国家政权性质，它们共同决定了在这种生产力水平、经济制度和国家性质下教育的育人标准和思想政治学科的教学目标。生产力决定生产关系，经济基础决定上层建筑的原理说明了生产力和经济基础对于生产关系、上层建筑以及社会发展的决定作用。例如，在古代，因社会生产力水平低下，不能产生大批的剩余人力从事教育和接受教育，教育仅是为统治阶级服务，成为培养适应古代统治需要的统治者的工具；而在现代，在现代生产力高速发展的推动下，普及的义务教育年限不断增加，教育与生产劳动相结合，为社会生产的发展和社会经济基础的巩固、完善和发展培养建设者和接班人。而教育的育人标准一方面反映生产力发展的水平、经济基础和国家政权的性质；另一方面又对其具体的课程设置、课程目标起指导作用。思想政治学科作为面对高校学生开设的一门必修课程，它的课程目标与国家教育的育人标准相统一。由此，社会经济就间接地对高校思想政治学科教育起着决定作用。

从动态上看，社会经济的变革和发展，包括生产力、科学技术、生产关系和经济体制等方面的重大变革与发展，最终都必然引起教育的育人标准和思想政治学科教学目标、内容的变化和发展。对教育中学生主体地位的讨论和确立，对学生主体人格培养呼声的高涨，素质教育的提出，学生主体意识、创新精神和能力的培养成为我国面向21世纪教育发展的奋斗目标和响亮口号，这一切都与市场经济这个大背景紧密相关。市场经济带给教育和高校思想政治学科教育的深刻变化说明，经济对于它们是一种深层的、间接的决定关系。

2. 思想政治学科对于社会经济的发展有着巨大的影响和制约作用

这种影响和制约作用具体表现在以下两个方面。

首先,思想政治学科传授有关社会经济的理论层面和实践层面的知识,使学生在学校时就对相关经济理论、社会经济制度和经济运作方式等方面有一定程度的了解,这对于他们未来参与社会经济生活,形成对现有经济制度一定程度的肯定态度,逐渐成为成熟的和成功的社会经济生活的主人,以及对于社会经济的发展与社会经济制度的发展与完善都是十分必要的。我们设想一下,如果青少年在学校教育中缺乏社会经济生活方面的教育,对于社会经济生活一无所知,那么当他们从学校走入社会时将如何面对经济生活,而这又会对社会经济生活带来怎样的消极影响?这一点是从总体上和基本层面来谈思想政治学科对社会经济产生的影响和制约作用。

其次,培养适应现有经济制度要求的社会成员,使他们具有与社会经济发展相适应的思想、观念、品格和能力,这是使社会经济发展和社会成员得到良好发展的共同途径。正如前文所述,高校思想政治学科教育主要是意识形态方面的教育和引导,它所解决的不是实际的生产和生活问题,而是人们对社会、对国家、对集体、对他人、对自己、对学习、对劳动、对生活、对政治、对经济、对文化等的态度和认识问题。这些问题的解决从表面上看是务虚的,但是当人们产生了对某一方面正确的认识和态度以后,就会产生巨大的力量,以推动这一领域工作和事业的发展,最终对社会生产力、社会政治和经济、社会文化产生积极的推动作用,而劳动者和管理者良好的态度、品格和能力可以转化成巨大的生产力。这一点已是被无数事实所证实。例如,当社会成员对于我国经济的深层调整有了清晰的认识以后,就比较容易接受因企业调整所带来的个人利益的得失,也就比较容易尽快调整自己的状态以投入新的劳动、就业的市场之中。在我国现有的学校教育中,如果我们很好地培养了学生的主体意识,使他们在自主性、独立性和创造性方面都有长足的发展,使他们不仅具有良好的主体意识,而且具有相关的能力和素质,我们所得到的就不仅是青少年学生在个体发展道路上更加顺利和健康,还将创造出社会经济高速发展和社会政治完善与调整所必需的积极的推动力量。

(三) 高校思想政治学科教育与社会文化

为了弄清高校思想政治学科教育的本质,我们探讨了该学科与社会政治、经济之间的关系,在本部分和下一部分还将涉及思想政治学科与社会文化和中学各科教学的关系。

在现代汉语中,文化是指人类在社会历史发展过程中所创造的物质财富和精神财富的总和。也就是说,自有人类以来,人类创造的全部物质财富和精神财富都属于文化的范围。因此,文化又可以分为有形的物质文化和无形的精神文化两类。文化存在于人们生活的一切空间和时间,无处不在,无时不在。教育作为精神文化的组成部分之一,高校思想政治学科教育作为教育和文化的组成部分之一,与社会文化有着千丝万缕的联系。纵观这些联系,可以把它们归结为两个基本的方面:社会文化对于高校思想政治学科教育广泛的影响和制约作用与高校思想政治学科教育对于社会文化的影响和作用。

1. 社会文化对于高校思想政治学科教育广泛的影响和制约作用

由于社会文化的内容极其广泛,其对高校思想政治学科教育的影响和制约作用是广泛的、全方位的和深刻的。有些作用在前边的论述中已经涉及,在这里我们所侧重论述的是社会文化中社会意识、社会心理等除政治以外的精神领域对高校思想政治学科教育的影响和制约作用。这一作用表现在以下三个方面。

其一,社会文化的发展,尤其是占统治和主导地位的社会文化制约着高校思想政治学科教育的性质和水平。社会文化作为教育传播的内容,社会占主导地位的文化作为高校思想政治学科教育所传播的内容,其水平就必然影响到教育和高校思想政治学科教育的水平。例如,古代文化处于文史有相当发展的文化阶段,这决定了教育的发展处于人文学科教育的古代学校教育阶段,决定了古代学校教育主要为政治服务的性质;而现代文化是处于科学技术高度发展的文化阶段,这决定了教育发展阶段处于科学教育的现代教育阶段。在古代，一切教育都具有思想、政治、道德教育的性质，说明古代文化对于教育的制约作用。在现代，政治、思想和道德教育本身都非常强调其内容、途径、方法和手段上的科学性，科学性成为现代教育的基本特征。在高校思想政治学科教育中，我们所传播的是马克思主义和社会科学基础知识，我们所选择的教育途径和方法也是经过教育科学和心理科学所论证的。就这些方面而言，现代高校思想政治教育已经具备了现代文化的特征。

其二，占统治和主导地位的社会文化制约着高校思想政治学科教育的内容。在高校思想政治学科教育中，以什么为内容对学生进行教育呢？以占统治和主导地位的社会文化为内容是必然的结论。这是因为，教育传播的内容是文化，而高校思想政治教育作为对青少年进行的有关对社会、对国家、对集体、对他人、对学习、对劳动、对政治、对经济等方面知识和态度教育的特殊学科，在国家教育主管部门的领导和监督下，它所传播的必定是占统治和主导地位的社会文化。在这一点上，世界上所有的国家都是共同的，我国也不例外。在我国思想政治学科中，传播的马克思主义和建设中国特色社会主义的理论等就是最好的说明。

其三，社会文化制约和影响着高校思想政治学科教育的方式。思想政治学科的教育教学方式既受教育教学内容和传播手段的影响，也受社会文化背景和教育教学传统的制约。不同文化背景下的高校思想政治教育的方式不同，东西方不同文化背景下的教育教学方式的差异就是对此最好的说明。

2. 高校思想政治学科教育对社会文化的影响和作用

高校思想政治学科教育作为社会文化的一部分，它的存在和发展对社会文化也产生着重大的影响和作用。这种作用可以归纳为对社会文化在传播和保留方面的作用，以及在筛选、创新和变革中的作用。高校思想政治学科教育在社会文化的传播和保留方面的作用是巨大的。这是因为文化传播和保留的最有效途径是教育，尤其是在现代社会，普及的义务教育使所有社会成员具有接受教育的权利，也就是说，普及的义务教育使所有社会成员具有接受社会文化传播的权利。教育本身有时间、师资等条件作为保障，这就使得教育成为文化传播中最广泛、有保证和高效的途径。

第四节 新时代高校思想政治教育的新形势及其重要启示

一、新时代高校思想政治教育的新趋势

（一）全球化与高校思想政治教育

1. 全球化

全球化是一个过程。在这个过程中发生了什么？产生了什么结果？吉登斯认为，"全球化是指这样一个事实，即我们越来越生活在'一个世界'中，因而个人、群体和国家越来越相互依赖"。①

在谈到全球化的影响因素时，人们首先谈到的是信息和通信技术的发展。信息和通信技术的发展是相辅相成的，信息增值依赖新的通信技术，而通信技术使信息传播越来越迅速，对信息的要求也越来越多。生活在世界各地的人们借助二者增加互动内容、加快速度，对信息和通信技术的依赖也日益加深。信息和通信技术的社会影响力具体表述如下。

（1）信息与通信技术的发展。电信基础设施迅速发展，系统集成把大量的信息以数字化的方式压缩和传送；光缆的发展极大地扩充信道的数量与有效、廉价的电缆技术；通信卫星的广泛使用推动了全球通信的发展。在电信技术发达的国家，住宅、办公室与外部世界的联系有多种渠道：电话、传真、数字电视和有线电视、互联网和电子邮件。已经发生的技术形态改变了人们生活的方方面面，将人们业已认可的时间和空间进行压缩。如今，位于地球两端的两个人可以进行实时交谈、"会面"（通过视频），还可以向对方传送文件和图像。

（2）世界经济一体化。世界经济一体化推动了全球化的进程，这已是有目共睹的事实。当信息技术、信息产业、知识经济、进口与出口这些词

---

① 安东尼·吉登斯. 社会学 [M]. 赵旭东, 等译. 北京：北京大学出版社, 2003.

汇在全球化语境中被使用和实践后，全球经济逐渐被"无重量的"和无形的活动所左右。在这种"无重量经济"中，产品是基于信息，如计算机软件、媒体和娱乐产品以及基于互联网的服务等。知识经济的出现与广泛的消费群体的发展相关，他们具备科技素养，热切希望把计算机技术、娱乐和电信方面的新进展引入他们的日常生活中。① 经济一体化推动了全球化，全球化反映了信息时代发生的变化。

2. 政治全球化对高校思想政治教育的影响

政治全球化是指政治在全球各国和地区互动、交流、渗透的过程。受政治全球化的影响，国家内部所发生的政治事件会在全球范围内引起各国的广泛关注，一国涉及的问题可能会引起其他国家的共性，进而会形成一些国际化的准则和标准。

政治全球化进程不是资本主义政治全球化，而是多种政治观相互交流、渗透和交锋的过程。政治全球化的发展将有助于培养我国高校大学生适应现代政治的思维方式，其互动形式也将对我国大学生民主理念的培养产生积极的影响。

我们应该从传统民主制度和观念中解放出来，将其中的优秀成分予以继承、吸收、发展和创新，形成符合时代发展要求的科学的民主观。这种科学的民主观是传统文明与当代文化相互作用而孕育出来的果实，带有浓厚的民族特点和历史沉淀。同时，它也能积极引导学生树立科学民主意识和主人翁意识，并形成社会责任感。科学的民主观为我国新经济体制下的新政治观提供了思想保障，为高校思想政治教育改革提供了新契机。

科学的民主观进入教育领域对高校的教育管理提出了新要求，高校教育不能仅依据政府安排制定学校的教育课程，更要听取社会各方面对学校管理的意见，促进高校思想政治教育走向高质量发展。另外，政治全球化也非常有助于培养我国大学生的国际政治意识，使他们具备活跃在国际舞台上的能力，如双赢、妥协等政治谈判策略及政治沟通传播等技巧。同时，也应教育我们的大学生，让他们看到民主模式并非一成不变，而是随

---

① 安东尼·吉登斯. 社会学 [M]. 赵旭东，等译. 北京：北京大学出版社，2003.

着时代发展不断丰富的。西方的民主并不能解决资本主义内在的矛盾，社会主义所倡导的平等和民主等价值理念仍将是21世纪人类追求的目标。

全球化发展既有机遇，也有挑战，对此要全面分析、正确判断。我国在传统文化的熏陶下，在经济、政治和外交上均以"大道之行，天下为公"体现大国担当。但西方国家的价值体系与我国的主流价值观念和道德素养标准存在冲突，因而在现实教育教学中要积极引导学生树立正确价值观，始终以社会主义核心价值观作为主流价值引导，让学生爱家、爱校、爱祖国，实现全面发展。

3. 文化全球化对高校思想政治教育的影响

在世界文化相互碰撞的当下，存在多种形式的文化互动，这种文化交流互动影响着各个国家或地区自身文化的发展。文化全球化的进程是不对等的，每个国家的文化底蕴不同，追求的文化高度不一，在这一基础上进行的文化互动是不平等的。但各种性质不一的文化充斥于全球环境之中，仍影响着文化互动过程，在互动过程中的世界性文化和民族性文化并存的规律也在发挥着作用。

高校是立德树人、人才培养的重要基地。以往高校国际化视野不够开阔，过于强调对学生书本知识的灌输，外国文化课程开设不足、学生国外交流机会少、学生出国留学率较低、宣传效果不佳等，都导致学生的国际交流能力和国际化视野不足。随着全球化发展，国外文化涌入中国，高校人才培养目标和学生发展路径有了更广阔的平台和空间。学生们的眼界不断开阔，有更多的机会选择出国留学深造，进一步凸显了我国高校思想政治教育质量和人才培养质量的重要性。面对国外众多思潮，高校需要注重思想和价值引领，提高学生的价值辨别力，坚定文化自信。

文化全球化是不同性质文化的交流互动，每个国家的文化历史积淀不同，代表文化也不同。在高校，文化交流多是通过课本和教师讲授的方式来展示各个地区或国家的文化思想，增加学生对外域文化的了解。与此同时，想了解他国文化的外籍教员和想学习中国文化的外国留学生的人数大幅度增加。在校园生活和课堂环境的接触中，我国学生与外籍学生会交流并且合作完成学习，这让原本仅在校园内学习生活的大学生接触的事物丰富了起来，对生活、世界的思考也更加广阔。这对于价值观逐渐成熟的大学生来说既是机遇，也是挑战。从前面的论述我们可以看出，我国旧有的集中单一教育模式已经不能顺应文化全球化发展的大潮，具有一定教育局限性，所以关于如何在校园文化中让学生了解多元文化、拓展文化知识面是目前高校思想政治教育工作者亟须解决的问题。

随着世界格局加速演变，多边外交逐渐深化，全球化为发达国家的价值输出和文化输出提供了便利。发展中国家的民众一旦在潜移默化中接受、认同了发达国家的价值观念，便会使国家主流和传统价值受到威胁，影响国家稳定、民族团结。高校要严守高校思想政治教育的主阵地，提高大学生的价值观念和文化素养，不断弘扬中华民族优秀传统文化，建设中国特色社会主义文化强国。在物欲横流和思潮汹涌的今天，取其精华、去其糟粕，讲好中国故事、传播好中国声音，为提高我国综合实力和国际影响力提供有效手段。

经济全球化加速了文化的融合发展，也对高校思想政治教育提出了更高要求。需要高等教育不断传承和发扬中华优秀传统文化，打破原始封闭观念，发展更具生命力的中国特色社会主义文化，是提高我国文化软实力、提升国际地位的重要途径。

在文化全球化进程中，我国应该坚持中国特色社会主义制度和社会主义市场经济体制，汲取优秀西方文化，在充分体现我国民族精神的前提下，将优秀西方文化融入我国传统文化，形成现代的、民族的、开放的中华文化。面对开放式的文化格局，只有我国文化与他国文化融合交流，我们才能更好地顺应文化全球化浪潮。[①]

（二）知识经济与高校思想政治教育

1. 知识经济

20 世纪 70 年代，美国学者提出，农业社会、工业社会至 20 世纪末以后将是后工业经济的社会，即信息社会。随着信息社会概念的提出，20 世

[①] 谭顶良. 高等教育心理学［M］. 南京：南京师范大学出版社，2018.

纪 80 年代又有学者提出了"信息经济"的观点。21 世纪初，经济合作与发展组织（OECD）明确界定，知识经济是建立在知识和信息的生产、分配和消费之上的经济。从此，知识经济逐渐被使用并被广泛关注。知识经济的具体含义可以从以下几方面分析：知识经济本质上是信息经济；知识经济的核心元素是知识；知识经济是智慧的创造、实践的果实，是以高科学技术为基础环境的、长久可持续性经济。通过对其含义的具体分析不难看出，其内在规律和本质特征是对知识和信息的生产、分配和使用，是对知识成果的实践、配置和产生价值的经济属性。

（1）知识经济对智力资源及其无形资产的占有和配置。知识经济是抽象化概念的经济体系，是对人的价值、知识价值和科技创新等价值的使用和开发，不是对具体实物价值的使用和开发，这种经济体系体现出了前瞻性价值。

人才是创造价值、实现价值的根本。人才通过为企业创造价值，从而促进知识经济的进步。知识经济通过应用程序、知识共享等而服务于使用者，这种传播使知识经济创造的价值无限扩大。在信息技术不断发展中，知识经济的价值体系被人们反复使用或永久存储，对使用者产生深远影响。知识和无形资产的实质化输出既满足了使用者的需求，又在无形中改变了其行为习惯，为其自身的全面发展提供了现实基础。

（2）知识经济对知识产品的生产。知识经济对知识产品的生产既包含抽象概念化的和具体实质化的输出，也涵盖了技术性产品的运行使用和运营维护，从而产生价值。

①理论类和经验类知识产品。在传统环境中，人们对创造出的新鲜事物的认同度和接受度都比较低，更注重传统实物的生产，对于抽象概念的物化产物有排斥心理，因此对创新事物的价值评判不够准确，无法实现知识产品的价值最大化。当前科技水平不断提高，作为智慧成果的物化载体可以不断放大和共享知识产品的价值。

②技术类知识产品。传统技术类产品主要是指工业革命的相关技术，比如汽车技术、飞机技术等，而随着科技发展，出现了生命科学技术、新能源技术等新技术类产品。传统技术更加注重技术的实践结果，而这种技术的单一价值高，生产成本高，周期长。新技术则恰恰相反，它是智慧价值与生产

力相结合的产物,其经济价值属性更加明显,展现的经济效益更加持久。

(3)知识经济对知识产品的消费(使用)。当知识成为一种产品的时候就具备了商品属性,而产品是具有周期性的。根据价值规律,人会充分利用产品的周期性,而价值就体现在人利用知识和共享知识的过程中,使知识形成新的发明创造或者是新的认知高度。产品的周期性规律可作用于生产力,而产生的间接价值又会带来深远的影响。当产品生命周期进入衰退期后,知识的产品价值也随之下降。

传统商品由于生产周期长、生产成本高、折旧费用高等问题,导致其生命周期较短。知识产品正好与之相反,知识产品在科技下呈现的可复制性、可传播性的特点,延长了其生命周期。

分析知识经济的内在规律及其特点,可以说是一种新的经济范式。这种新经济范式产生出以知识为生产资料的生产力,是科技创新和创造的结果。高校教育是知识产生和发展的源泉,同时,知识也是高校思想政治教育发展的根基,二者相辅相成、相互促进。

2. 知识经济对高校思想政治教育的影响

知识经济张力扩大到教育范围中,教育为了顺应时代需要和发展就必须做出改变。这既是高校思想政治教育迎来的重要机遇,也是高等教育即将面临的重大挑战。

(1)知识经济给我国高等教育发展带来的机遇。以知识为主要核心元素就意味着高等教育成为核心承载体,那么获取机会的成本就会降低,主要体现在以下几个维度。

第一,大众化与国际化趋势拓展高等教育市场。国家提倡实现教育大众化,人民的文化素养需要提升,这就奠定了教育在国家战略中的地位。高校思想政治教育作为经济的核心竞争力就更加重要。它不仅呈现了经济价值,更重要的是对外的软实力输出,这为我国国际地位的巩固做出了重大贡献。由于世界格局的转变,我国在国际上扮演的角色日益重要,但是国际形势瞬息万变,所以就更加要求高校思想政治教育进行变革,为实现科技强国奠定基础。高校思想政治教育的国际竞争力和经济价值促使它获得了更广阔的市场空间。

第二,综合化与信息化趋势推动高校思想政治教育改革深化。"互联网+"教育的方式为高校改革提供了技术支持。这种技术的融合和推动使得教育改革更加综合化和全面化,形成了教育新局面。传统教育中知识的传播范围受到地域和时间的约束,传统教育的单一性和阶段性较为明显,课程设置始终是专业性较强,知识交叉程度较低。在知识经济技术的影响和推动下打破了各种壁垒,知识边际效益和成本效益都得到了改变,成为经济核心竞争力,这就要求教育必须从单一性走向交叉性,改变和发展学生的学习结构,更加全面和深入地延伸综合作用张力。从目前世界形势对高校思想政治教育方向的要求来看,高层次的高校思想政治教育不能再局限于只对学生的知识的传授,而要对学生进行多方面的素质培养,并结合这一时期国际培养人才的目标,培育全方面、多领域的人才。为此,学校可以根据市场的需求设置专业类型、调整学生教育模式等,以改进高校教育质量。

(2)知识经济对我国高等教育发展的一系列挑战。第一,国际竞争加剧了对高校思想政治教育培养目标的挑战。现代网络环境下企业之间的竞争已经不再是制造加工水平之间的较量,而是企业核心技术的较量。核心技术所能创造的价值远超过人工劳动力加工的价值,所以高校要据此不断更新学生培养模式,增强学生的创造力。第二,网络自由传输对高校德育的挑战。高层次院校对学生进行全方位的培养不仅包括知识和实践能力的培养,还包括学生道德素质的提升。学生对道德知识的学习比掌握专业知识更加重要。一个人只有具有良好的道德品质,才能保障其人生前进的方向是正确的,不至于因为一些人生路上的小障碍就走上违法犯罪的道路。尤其是我们当今的教育处于网络媒体环境中,更要求对学生的道德品质进行一定的培养。以网络为载体,学生可从网上获取各种信息,这就需要高校培养学生对信息的分辨和把握能力。

二、新时代高校思想政治教育的启示

中国共产党在长期的革命和建设实践中积累了丰富的高校思想政治工作经验,这是我们的宝贵精神财富。在改革开放40多年的实践中,我们也积累了一些经验,应紧密结合新形势加以继承和发扬。

（一）坚持高校思想政治工作是一切工作的"生命线"

高校思想政治工作对保证经济建设等工作、保持正确的政治方向具有重要的作用。高校思想政治工作是为宣传、贯彻党的路线方针政策服务的，而经济工作和其他各项工作都必须在党的思想、理论、政策指导下进行。忽视思想政治工作，经济工作等各项工作就会迷失方向。坚持高校思想政治工作是"生命线"，就必须在实践中把高校思想政治工作贯穿、渗透到经济工作和其他一切工作中去，并发挥其强大的功能和作用，克服高校思想政治工作和经济工作不协调、"两张皮"的现象。

（二）高举旗帜，抓住根本

坚持以科学理论为指导，高举习近平新时代中国特色社会主义思想的伟大旗帜，始终坚持以习近平新时代中国特色社会主义思想指导我们的工作，保证高校思想政治工作的正确方向；同时，坚持用习近平新时代中国特色社会主义思想武装全体党员干部和群众，成为推进建设中国特色社会主义事业的强大精神支柱。

（三）围绕中心，服务大局

高校思想政治工作必须围绕中心工作来开展。高校思想政治工作必须为实现党的总任务、总目标服务，这是由高校思想政治工作的性质、任务所决定的。当前，党的中心任务是以经济建设为中心，坚持改革开放和发展社会主义市场经济，建设富强、民主、文明的社会主义国家。全党和全国的工作大局是抓住机遇，深化改革，扩大开放，促进发展，保持稳定。高校思想政治工作必须服从于经济建设这个中心，为全党和全国工作大局服务。高校思想政治工作要致力于解放思想，转变观念，振奋精神，促进发展，致力于解疑释惑，化解矛盾，理顺情绪，维护稳定，为改革开放和现代化建设提供动力支持和思想政治保证。

（四）实事求是，与时俱进

实事求是是马克思主义的认识论和方法论，与时俱进是马克思主义的理论品质。当前，社会主义建设的最大实际就是我国处于并将长期处于社会主义初级阶段。从初级阶段的实际出发，要求高校思想政治工作遵循初级阶段的社会发展规律，调整好自己的思路，努力研究和探索适应这一规律的思想方法和工作方法。由于我国经济还不发达，地区间经济文化条件的差异也比较大，必然造成人们存在较大的思想差距。这就要求我们必须从实际出发，把握不同地区、不同阶层人们的思想状况，有针对性地开展思想政治教育。

（五）依靠群众，服务群众

坚持党的群众路线，充分发动群众，依靠群众，让群众在参与中受到教育，解答群众关注的热点、难点、疑点问题。同时，从群众关心的具体问题入手，解决群众的实际困难，多办群众"满意"和"高兴"的实事，把解决思想问题同解决实际问题结合起来，增强工作的实效性。

第二章　新时代高校思想政治教育的理论阐释

大学生是祖国的希望、民族的未来，党和国家历来高度重视对大学生的思想政治教育工作。2013年3月1日，习近平总书记在中央党校建校80周年庆祝大会暨2013年春季学期开学典礼上发表重要讲话，指出"不论是新问题还是老问题，不论是长期存在的老问题还是改变了表现形式的老问题，要认识好、解决好，唯一的途径就是增强我们自己的本领。增强本领就要加强学习，既把学到的知识运用于实践，又在实践中增长解决问题的新本领。"高校思想政治教育正是抓住了"实践"这一生命线，才不断取得令人可喜的成就。进入新时代，继续加强和改进高校思想政治教育仍是一项重大而紧迫的战略任务。实践离不开理论的科学指导，只有不断了解并熟悉理论，才能更好地进行实践。本章就从高校思想政治教育的内涵入手，逐步深入了解与探讨高校思想政治教育的相关问题。

第一节　高校思想政治教育的科学内涵

一、思想政治教育的内涵

思想政治教育是现代思想政治教育学的核心概念，也是高校思想政治教育的中心概念，研究思想政治教育的对象、内容、方法及其他一切方面，都必然涉及这一概念。因此，这里首先对思想政治教育的内涵进行探讨。

思想政治教育这一概念的提出和演变历经了一个过程。直到20世纪80年代，思想政治教育才成为思想政治工作领域统一的标准提法。至此，这一概念也正式确定下来。研究这一演变过程可以看出，政治工作、思想工作、政治思想工作、思想政治工作等几个概念曾经交叉使用或并用。实际上，这几个概念，连同思想政治教育教育这一概念，它们彼此之间存在着内在的紧密联系，同时又存在一定的差异。例如，就思想政治工作与思想政治教育这两个概念来看，前者的概念要更广一些，主要是指组织人们参加各种实践活动，虽然其中也有一定的教育意义，但不能简单地称之为"思想政治教育"。相比之下，思想政治教育的含义则更为狭窄，也更为具体明确，是思想政治工作的主要内容，更加侧重于思想理论方面的政治教育。

从思想政治教育这一概念来看，它由三个独立的概念，即思想、政治、教育组成，但绝不是这三个概念简单的加总。应该说，思想、政治、教育以其各自丰富的内涵和外延，为思想政治教育概念的界定提供了重要的内涵基础，从而形成超越这三个概念的新概念——思想政治教育。这里我们将思想政治教育的内涵概括如下：思想政治教育是按照一定的社会要求，由一定的社会或社会群体，用特定的思想体系、政治观点、道德规范，在遵循人的思想心理形成和发展的规律之基础上，有目的、有计划、有组织地培养人们形成符合社会发展要求的思想品德、政治素质、心理素质等。我国思想政治教育的根本任务就是培养思想政治素质过硬、综合素质全面发展的新型社会主义建设者。

二、高校思想政治教育的内涵

简单来说，高校思想政治教育就是针对大学生的特点和需求而采取的各种思想政治教育活动，因此其本质属性与思想政治教育是一致的。我国高等学校的根本任务是培养德、智、体等方面全面发展的社会主义事业的建设者和接班人。高校思想政治教育必须坚定正确的政治方向。具体来说，高校思想政治教育就是用马列主义、毛泽东思想、邓小平理论、"三个代表"重要思想、科学发展观，以及习近平新时代中国特色社会主义思想来教育大学生，使大学生坚持社会主义方向，树立崇高的理想和科学的成才观，具备极高的社会责任感和使命感，努力成为有理想、有道德、有文化、有纪律的一代新人。

在理解高校思想政治教育这一概念时，要防止两种不良倾向的产生。一种倾向是强调高校思想政治教育工作的科学性，否定高校思想政治教育工作的政治性，从而使高校思想政治教育工作变得盲目。高校思想政治教育要始终把坚持正确的政治方向放在教学工作的首位。另一种倾向是强调高校思想政治教育工作的政治性，偏离高校思想政治教育工作的科学性，致使高校思想政治教育工作变成空洞的理论说教，缺乏系统科学的理论支撑。这种泛政治化的倾向无法保证高校思想政治教育效果的真正实现。当代高校思想政治教育必须把满足大学生日益增长的精神文化需求放在更加突出的位置，以学生为本，积极探索思想政治教育的有效方式，不断提高高校思想政治教育的有效性和感染力。只有这样，才能使高校思想政治教育真正发挥出其应有的作用。

第二节 高校思想政治教育的理论基础

高校思想政治教育是影响学习者政治思想的重要方式，需要科学的理论作为基础。大体上说，高校思想政治教育以马克思主义关于人的全面发展理论为根基，同时借鉴了不同学科的相关理论。

一、马克思主义关于人的全面发展理论

当代思想政治教育方法论的发展有其深厚的马克思主义理论基础。[①]结合高校思想政治教育实际，下面主要介绍马克思主义关于人的全面发展理论。

（一）人的全面发展理论的提出

人的全面发展的概念最早针对的是私有制下的旧式分工。这种旧式分

---

① 邹绍清. 当代思想政治教育方法论发展研究［M］. 北京：人民出版社，2013.

工模式主要应用在劳动者和资本家之间。由于手工生产是这一时期的主要劳作方式，劳动者通过体力劳动积累生产经验与技能以获得报酬。资本家主要通过控制、管理劳动者而获得更丰厚的物质财富。在这种不平等的生产关系下，资本家通过土地获得高额报酬，但是却没有掌握土地生产的相关技能，而劳动者终日劳作，付出了更大的体力，却不能获得对等的生产酬劳。这种片面、畸形的生产关系影响了资本家和劳动者的全面发展，拉大了社会差距。

随着工业革命的进行，科学技术有了飞速的发展，大机器生产使得社会化生产得到普及，社会分工向着精细的方向发展。这种社会现实使得劳动者开始转向固定岗位，进行机械、重复的劳动。细化的社会分工使人们固守重复工作而不能得到全面发展，因此也是畸形的。

在社会发展与科学进步的双重带动下，社会需求与机械劳动造成了一定的矛盾。针对此问题，马克思主张人的解放，提出利用教育的力量，帮助人们掌握不同生产系统，获得不同工作环节中的知识，进而可以根据自身兴趣与需求选择工作。马克思的这个主张就明确表明了人的全面发展的思想。

（二）人的全面发展理论的内涵

马克思主义在本质上是想要实现人的自由和解放，从而促进人的自由和全面发展。从这个意义上说，人的全面发展理论是其核心内容。下面主要对人的全面发展理论的内涵进行总结，从而为高校思想政治教育提供重要的思想指导。

1. 提高人的能力

马克思在《1844年经济学哲学手稿》中指出："劳动这种生命活动、这种生产生活本身对人来说不过是满足他的需要，即维持肉体生存的需要的手段。而生产生活就是类生活。这是产生生命的生活。一个种的全部特性、种的类特性就在于生命活动的性质，而人的类特性恰恰就是自由的有意识的活动。生活本身仅仅成为生活的手段。"[1]

---

[1] 中共中央马克思恩格斯列宁斯大林著作编译局. 马克思恩格斯全集（第四十二卷）[M]. 北京：人民出版社，1979.

通过上述论述可以看出，马克思认为人的类特性是自由和自觉。劳动是人类的根本实践活动，塑造了人类的类本质。从这个思想出发，可以认为劳动能力的强弱与劳动水平的高低反映并决定着人类自由和自觉的发展。

通过劳动，人类的劳动能力才能得到发展，人类才能全面发展，从而为人类自由自觉的发展奠定基础。

2. 满足人的需求

马克思认为，由于人类的本体需求，不断推动着社会和人类文明的不断发展，人类意识活动才能更新与推进。人的需求带有多样性和层次性，具体包括物质需求和精神需求两个方面。物质需求和人类的衣食住行息息相关，精神需求又可以细分为自我发展需求和自我实现需求等。据此，马克思认为，人类的需求是充实人类本质力量的有效证明。随着时代的发展，人类的需求变得更加多样化。这种需求实现的过程又推动着社会和人的全面发展，最终促进人类社会的全面进步。

3. 丰富社会关系

社会性是人类的本质属性，人依托于社会存在，对社会的发展有着重要的促进作用。同样，社会的发展也会对人类发展产生影响。

马克思在《关于费尔巴哈的提纲》中指出："人的本质不是单个人所固有的抽象物，在其现实性上，它是一切社会关系的总和。"[①] 人类能力的形成、发展和完善离不开人所处的特定的社会关系。个体在社会交往的过程中，才能发展自身。

因此，个人的发展与其社会关系息息相关。一般来说，在个人所进行的社会活动中，交往程度越高，所涉及的交往人员就越多，因而社会关系便越复杂。在这种高程度的社会交往中，个人的提升空间大大增加，对信息的获取量也会增多，这对个人知识、技能、经验的积累大有裨益。

4. 促进个性发展

马克思认为，人类的发展分为不同的阶段。从总体上说，分为以下三

---

① 中共中央马克思恩格斯列宁斯大林著作编译局. 马克思恩格斯选集（第一卷）[M]. 北京：人民出版社，1995.

个阶段。一是人的依赖性阶段。在人与人的依赖阶段，人的个性被隐藏在社会交往之中。二是物的依赖性阶段。在这个阶段，人类开始依赖物，独立性得到了凸显和发展。三是人的自由个性阶段。在这个阶段，人类的个性得到全面发展。这种发展是以社会和生产力的提高为基础的。社会财富增加，人类可以享受物质财富带来的满足，发展自身的喜好，自由个性得到凸显。

总体来说，人的全面发展注重的是人的个性的发展。这种发展的程度直接体现了人类全面发展的程度。

（三）人的全面发展理论的启示

马克思主义关于人的全面发展理论对高校思想政治教育有着重要的启示作用，是思想政治教育实施的重要理论根基。通过人的全面发展理论，可以为高校思想政治教育提供一个新的视野，起到科学指南的作用。

1. 重视学生的实践能力

高校思想政治教育要重视学生的实践能力，从而使学生能够提高自身实践能力，为日后的社会交际打下良好的基础。

2. 引导学生的思想观念

高校思想教育在本质上是为了引导学生正确的思想观念，使学生能够树立正确的人生观、价值观、世界观，有积极健康的心理状态，从而不断应对生活中的难题，培养自己坚强的意识，形成自己的品格与品质。

3. 激发学生的主动意识

人的全面发展的前提是人的需求得到满足。进行高效思想政治教育也应该在这个理论原则的指引下考虑学生的学习需求，激发学生的主动意识。这样，学生对思想政治教育的兴趣才会被激发，教学的效果才能得到提高。

激发学生的主动意识为的是使学生能够自觉参与思想政治教育，进行思想上的锻炼与提高。基于此，高校思想政治教育应该以学生素质拓展为目标，为学生素质教育服务。通过不断的素质拓展活动，培养学生的品性，使学习者成为全面发展的人才。

二、思想政治教育对其他学科的理论借鉴

高校思想政治教育是一门系统的学科，由于其学科特殊性，在其发展过程中需要不断结合社会发展，并借鉴其他学科的相关理论来完善自身。本节就思想政治教育对其他学科的理论借鉴进行总结。

（一）对管理学理论的借鉴

现代管理学十分重视人的作用，坚持遵循以人为本的原则，重视发挥人的主观能动性。高校思想政治教育也是以学习者为中心进行的人才培养与管理方式，因此借鉴管理学相关理论能够充实思想政治教育的内容。

在进行人才管理的过程中，需要发挥对人才进行思想政治教育、引领人才发挥自身的带动作用。高校思想政治教育是一个系统的工程，对学生的管理与教学始终贯穿其中。因此，管理学与思想政治教育息息相关，二者互相借鉴与促进。

随着社会的发展，市场竞争变得更加激烈，在这种社会现实中，人们渐渐了解到了管理的重要性。从一般意义上说，管理指的是在一定的组织系统中，通过计划、组织、领导、控制等手段，动员和有效运用各种资源（包括人、财、物、时间、空间、信息等资源），使之适应外部环境，以达到系统目标的人类活动。

高校思想政治教育的终极目标是使人才具备社会实践的思想与能力，能够在激烈的社会竞争中找到自己的位置，从而实现自身价值与既定目标。但是，由于高校思想政治教育内容的繁杂性，要将教学内容与社会实践进行结合，必然需要加强对高校学生思想政治教育活动和过程的管理。

整个社会的运作都离不开思想政治教育工作，同时社会的有序发展还需要采用一定的组织、制度、法规等管理手段才能保证。高校思想政治教育是社会整体思想政治教育的重要组成部分，也需要在有序的管理体制下进行。

思想政治教育的主观性非常强，因此对于受教育者来说，发挥其主观能动性十分有必要。激励就是进行高校思想政治教育的重要手段。通过激

励，受教育者的需求与动机得到了激发，就会产生一定的推动力，朝着预设的目标前进。这种激励的手段在现代管理学中十分常见。管理学中的激励是通过刺激企业员工，调动员工的积极性，从而为企业创造更多的生产价值。将这种激励放于高校思想政治教育中也同样适用。

（二）对社会学理论的借鉴

社会学指的是通过特有角度，对社会、社会主体、社会关系等进行的综合性研究。概括来讲，社会学就是研究社会问题的学科。社会学的研究领域十分广泛，与人的生活息息相关。在高校思想政治教育中借鉴社会学的相关领域，能够提高教学的实用性和应用性。

社会学对人的社会化问题十分关注，而这个问题也是思想政治教育的基本研究问题之一。高校思想政治教育的主要任务是使人融入社会，使人的思想政治意识与社会意识受到社会化的熏陶。因此，在人的社会化过程中，思想政治教育是一个有效途径，能够帮助人们树立远大的理想并培养高尚的道德品质，从而明确自己的社会职责和行为规范。从这个意义上说，思想政治教育是指导人社会化的过程。

在社会学理论指导下开展高校思想政治教育需要包括以下基本内容。

一是对学生灌输生活目标和培养价值观念。在社会上，每个人都有自身的个体生活目标。这种社会目标在具体的人生观的指导下，通过个体努力来实现。在高校思想政治教育中，应该强调个体发展对社会需求与利益的满足。

对学生进行生活目标和价值观的培养，能够帮助学生树立集体主义价值观，更好地投身于社会主义建设中。这种思想培养是个人社会化的过程，同时也是高校思想政治教育的重要内容。

二是教导学生社会生活规范。所谓社会生活规范，指的是人们社会行为的规矩和准则。这种规范是在社会互动过程中所产生的，对维持社会正常秩序有积极的导向作用。社会规范是社会关系的重要组成部分，同时也是个人社会化的重要内容，能够体现出不同社会阶段人类的精神文明程度。

在高校思想政治教育中，对社会规范的教育是其重要内容之一。高校思想政治教育的根本目的是教育和培养学生成为一名德、智、体等方面全面发展的社会主义事业的建设者和接班人。因此，教授相关社会生活规范十分有必要。

三是培养学生适应社会角色。高校思想政治教育培养学生适应社会角色是其重要目标。因为学生马上就要步入社会，面临着学生角色和社会角色的转变。在高校思想政治教育中，帮助学生消除角色差距，克服角色冲突，能够为学生日后适应社会带来很大的帮助。

（三）对心理学的借鉴

高校思想政治教育是以学生为主体进行的，在教学中需要考虑学生的心理，这样才能提高教学的科学性与有效性。心理学是对人心理的研究，将其与高校思想政治教育的有机结合十分有必要。

需要理论认为，人的行为是受到本能需要的刺激而产生的。人的需求大部分都是人类从理性的角度对自身需求和动机进度分析，然后自觉调整自身行为，从而实现需求。

心理学中的需要动机理论对高校思想政治教育也有着重要的启示作用。高校学生既有物质需求，又有精神需求。满足学生需求是高校思想政治教育的出发点，也是保证教学效果的重要条件。需求动机理论对高校思想政治教育的指导主要包括以下几个方面。

一是提升学生内在的自我需要。教学需要师生共同努力。学生由于个体需求不同，在日常生活中教师应该随时留意这些需求，从而便于有选择性和针对性地对学生进行思想政治教育。

需求对记忆具有制约作用，如果学生所缺乏的思想正好是思想政治教育教学中的内容，那么这种教学就更加具有成效性，更能为学习者所接受。如果思想政治教育的内容学生不需要，那么学生学习的欲望就不是十分强烈，所产生的效果也不佳。这一点是我国很多高校思想政治教育成效低的重要原因。在我国的很多高校，很多学生进行思想政治学习主要是为了应付考试，当考试通过，学生就不会主动应用这些思想与知识。因此，在进行高校思想政治教育时，教学者需要从学生的需求出发，真正调动学生学习的积极性，从而促进学生思想的社会化。

二是满足学生合理需要。高校思想政治教育应该以学生需要为重要考虑因素。但需要注意的是，这种对学生需求的满足带有一定的科学性。也就是说，教师不能盲目地满足学生需求，而应该起到教学者的引领作用，指导学生发现自身需求，提高思想政治学习的主动性和积极性。

第三节　高校思想政治教育的理念创新

时代在发展，社会在进步。高校思想政治教育的理念也应动态发展，不仅要反映时代的鲜明特色，还应秉持着创新的理念实现持续发展。本章将探讨高校思想政治教育的理念创新，具体包括以人为本理念、全面发展理念，以及开放育人理念。

一、高校思想政治教育的"以人为本"理念

"以人为本"理念是高校思想政治教育为了顺应时代的发展并在教学实践活动中必须贯彻的一种理念。将这一理念引入高校思想政治教育中，不仅很好地体现了科学化、现代化的发展理念，而且体现了高校思想政治教育的本质要求。这一理念的贯彻对高校培养全面发展的人才有着关键性的作用和重要的意义。为了对高校思想政治教育"以人为本"的理念有更深入、具体的认识，本节将围绕以下几个方面展开详细探讨。

（一）"以人为本"理念概述

1. "以人为本"的思想渊源

（1）西方人本主义发展中的"以人为本"理念。"以人为本"的思想观点在西方思想史上有着悠久的历史。一些学者认为，这一思想观点在西方最早可以追溯到古希腊时期。古希腊杰出的辩论家普罗泰格拉提出了"人是万物的尺度"这一命题，可以说该命题是智者派将哲学研究的对象由自然转向人的显著性标志。但是，从真正意义上来看，通过哲学形态系统来对人本主义思想理念进行阐释是15世纪和16世纪以来伴随着资本主

义兴起的人文主义运动而逐渐形成的。具体而言，人本主义在西方的发展大致经历了以下几大形态。

①自然主义的人本主义。人本主义的自然主义形态出现在文艺复兴时期，该时期的人本主义思潮倡导将人作为本位的思想理念。这一理念同中世纪"神本主义"的思想相对应，并将人对神的崇尚转向对人自身的崇尚。此外，在看待人和上帝、人和自然的关系中，高度弘扬人的意义、价值等。这一形态下的人本主义还强调，人的自然愿望和世俗享受是最重要的。

②理性主义的人本主义。人本主义的理性主义形态出现在启蒙运动时期，根据启蒙运动思想家的观点，只有民主主义才是与人性相符合的，也就是所谓的人道主义的，封建专制是与人性、人道主义相违背的。他们极力主张坚持人本主义，倡导自由、平等的思想理念，并对封建统治持反对态度。

③空想社会主义的人本主义。到了19世纪，空想社会主义提出了以下观点：资本主义制度下的资产阶级对工人阶级实行统治，但是这种制度事实上是同人性和人道主义相违背的，只有社会主义才是与人性和人道主义相吻合的。空想社会主义理论的坚持者还借助于道德原则来对社会主义进行论证。

④费尔巴哈（Feuerbach）的人本主义。费尔巴哈将人视为哲学的研究对象和至高无上的存在。他从将自然作为基础的"人"这一角度出发，认为人的本质就是"类"，具体指的是一种将很多个人纯粹自然地联系起来的共同性，甚至可以浓缩为"理、情、义、爱"。

⑤非理性主义的人本主义。随着资本主义科技理性的过度张扬，出现了人高度异化这一事实。从19世纪中叶开始，哲学家叔本华、克尔凯郭尔等开始公开地挑战传统的理性主义。他们不满足于对普通人性、平等、自由、博爱等的颂扬，开始强调人是集肉体、意志、活动、情感于一体的完整存在。但是，这一形态下的人本主义的理念也有其固有的缺点，片面夸大了非理性因素的作用，全盘否定了人的理性。

通过对西方人本主义进行综观分析不难发现，一方面，西方很多人本主义观点的支持者将人的价值置于首位，他们所坚持的理念就包含了我们现在经常所提及的"以人为本"的合理化因素；另一方面，这些思想从本质上来看又都属于唯心主义的社会历史观和资本主义的价值观，并没有超越资本主义意识形态的范围，有的甚至在对人的认识方面缺乏科学性。

（2）传统中国文化中的"以人为本"理念。在我国传统的思想发展史上，早在三千多年就出现了"以人为本"的思想观点。《尚书·泰誓》中写道："惟天地万物父母，惟人万物之灵。"这一记载可以说是传统中国文化中最早的对人的价值的肯定。《尚书·五子之歌》中写道："民惟邦本，本固邦宁。"这一说法也很好地体现了关注民生对固国安邦的好处。儒家的"以民为本"的思想即"民惟邦本"，就是对"以人为本"理念的很好体现。在战国时期，《管子》也曾提出如下思想："夫霸业之所以始也，以人为本。本理则国固。"这一记载可以说是我国古代文献中最早使用的"以人为本"的语句记载。但此处管子所说的"人"仅仅指的是"民"这一含义，仅仅是古代狭义的"民本"思想，同现在所说的"人本"思想还是存在着很大的差别的。

综上，这些"以民为本"的主张大都闪烁着人道主义的光辉，虽然存在其当时历史条件下固有的局限，是当时的统治者出于自身统治利益的考虑，但是在某种程度上可以说是"以人为本"的思想渊源。

2. "以人为本"与"以人民为中心"

在中国革命和社会主义建设的过程中，中国共产党实现了马克思主义中国化，并将马克思主义与中国革命和社会主义现代化建设的实际进行了有机结合，从而形成了具有中国特色的马克思主义理论体系。在此过程中，"以人为本"的思想得到了很好的体现。

任何理论都有体现其本质的突出特性，人民性是马克思主义最鲜明的品格。马克思主义第一次创立了人民实现自身解放的思想体系，以科学的理论为最终建立一个没有压迫、没有剥削、人人平等、人人自由的理想社会指明了方向。马克思主义博大精深，归根到底就是一句话，为人类求解放。

马克思主义植根于人民，指明了依靠人民推动历史前进的人间正道。

中国共产党坚持以马克思主义为指导，在为中国人民谋幸福、为中华民族谋复兴的历史进程中，树立全心全意为人民服务的根本宗旨；贯彻一切为了群众、一切依靠群众，从群众中来、到群众中去的群众路线；坚持以人为本、执政为民的执政理念；提出人民拥护不拥护、赞成不赞成、高兴不高兴、答应不答应的根本标准；等等。这些都充分表明，中国共产党始终代表中国最广大人民的根本利益，马克思主义始终是人民的理论。

中国特色社会主义进入新时代，习近平同志鲜明提出坚持以人民为中心，系统论述以人民为中心的发展思想。党的十九大报告将坚持以人民为中心作为新时代坚持和发展中国特色社会主义的基本方略之一，进一步凸显人民性这一马克思主义最鲜明的品格。以人民为中心，生动诠释了我们党的根本立场，生动诠释了我们党全心全意为人民服务的根本宗旨，进一步彰显了马克思主义的人民性。它充分表明，中国共产党无论处在什么历史方位，都不会忘记为中国人民谋幸福、为中华民族谋复兴的初心和使命；中国特色社会主义无论发展到什么历史阶段，都始终坚持人民当家作主。坚持以人民为中心，要求始终把人民立场作为根本立场，把为中国人民谋幸福作为不变的初心，坚持全心全意为人民服务的根本宗旨，贯彻党的群众路线，尊重人民主体地位和首创精神，始终保持党同人民群众的血肉联系，凝聚起众志成城的磅礴力量，团结带领人民共同创造历史伟业。这是尊重历史规律的必然选择，是坚持马克思主义的必然要求。

（二）高校思想政治教育"以人为本"理念的理论阐释

在高校思想政治教育过程中，思想政治教育者坚持怎么样的理念，对思想政治教育的成效有着直接的影响作用。将"以人为本"的理念贯彻于高校思想政治教育中，一方面是因为"以人为本"的理念体现了对人性的充分尊重、对人的主体性的肯定，以及对人的全面发展的重视；另一方面还体现了马克思主义人学思想的精髓，体现了思想政治教育的价值和目的。为了对高校思想政治教育"以人为本"理念的贯彻有更深入的认识，下面对"以人为本"所包含的精神内涵进行深入分析。

1. 关注人有利于增强高校思想政治教育的亲和力

马克思主义对人的全面发展给予了足够的关注，并将人的全面发展视为贯穿马克思主义的思想红线和最终命题。一直以来，这些理念都对无产阶级和人民大众起着很好的鼓励和鼓舞作用。高校思想政治教育可以说是一种方式或手段，对人的全面发展、人的本质的丰富完善起着非常积极的促进作用，并在这种教育教学过程中使理解人、尊重人和关心人等重要的原则和理念得以顺利贯彻和实施。

（1）理解人。理解人具体指的是充分理解人的利益需求。思想政治教育是为一定的经济基础服务的，不仅应反映一定的社会、阶级和集团的利益，而且还要为一定的社会集团谋取利益服务。高校思想政治教育也是如此，应反映并服务于教育对象的切身利益。在市场经济快速发展的当今社会，利益还是市场经济的驱动力，思想政治教育也很难回避的人的利益问题。只有对人的利益需求给予充分的关注，才能更好地调动教育对象的积极性。当然，在具体的社会生活中，利益呈现出多元化的趋势，具体包括个人利益和社会利益、物质利益和精神利益、眼前利益和长远利益，以及生存、发展、享受等方方面面的利益，诸多方面的利益不仅是人们活动的重要组成部分，而且还对社会的发展起着很好的推动作用。在当今社会，人们普遍都非常注重个人利益的满足，甚至还会因为利益问题而引发诸多思想和社会矛盾等。因此，在新的市场经济的形势下，高校思想政治教育应尽力克服将谈个人利益混淆为谈个人主义这一狭隘的错误观点，应在思想层面意识到人的需求是人内在的、本质的规定性和人的全部生命活动的根据和动力。在高校的思想政治教育过程中，也应重视人们利益需求的满足，以更好地引导教育对象树立正确的利益观。只有树立正确的利益观，才能更好地协调并处理好个人利益同国家、集体利益之间的关系，也才能给以正确的方式鼓励人们利用正当的手段来追求其个人的物质、精神利益。如此一来，才能更好地调动教育对象的积极主动性，从而形成强大的精神力量。

就当前校内的大学生群体而言，在市场经济的大环境下，他们无形中也受到市场经济大潮的直接或间接的影响。相比于之前的大学生，他们非常注重个人利益的实现和满足，并且在价值观的判断层面也更加趋向于利己和实惠。这种利益观、价值观的取向有其合理化的一面，但也很容易导致个人主义、自私自利等不良状况。针对这种不良现象，高校思想政治教育工作者应充分重视并尽力满足大学生最根本、最主要的利益需求,概括而言,就是要满足学生成长、成才、全面发展的内在需求。高校思想政治教育只有满足学生的这一利益需求,以学生内在的心理需要为依据,并对思想政治教育的基本目标进行适当调整,对思想政治教育的内容、形式等进行适当改进,开展并组织设计与大学生内在需求相符合的教育活动,才能更有效地激发大学生群体的兴趣和情感共鸣。这样一来,他们才能更好、更自觉地接受思想政治教育,也才能在受教育的过程中不断地汲取营养,从而提升自身的思想道德素质。不仅如此,高校思想政治教育工作者还应对大学生的思想动态给予密切的关注,依托大学生逐渐成熟的理性思维,更好地培养他们的崇高的精神需求。与此同时,还应对学生的利益需求的导向作用给予充分的理解。在具体的工作实践中,应注意将物质激励同精神激励有机结合起来,对学生的利益价值观取向给予适时引导,使之将个人成长、成才的内在需求同祖国、人民、集体的需要紧密结合起来,克服极端的利己主义和个人主义的消极影响,以此促进学生的健康成长。

(2)尊重人。尊重人具体指的是尊重人之所以为人的根本权利,尊重人的生存、发展、享受等需求。具体而言,包括尊重人的人格、尊严、个性等,也就是将人视为主体和目的,而不是仅将人看成客体、手段、工具等。人对尊重的需求属于比较高层次的社会需求,是社会中的人对自我评价、自我尊重、社会尊重、社会评价等的渴望。就当前的大学生群体而言,他们也存在着被尊重、以平等的身份同师长和同辈等进行交流、在学习生活以及各种社会生活中被尊重等的渴望,这些都是当前人们的精神需求日益强烈并对自身价值的实现日益关注和重视等的具体体现。尊重人不仅是将思想政治教育做好的首要前提,而且也是将以人为本的理念得以贯彻和实施的基本前提。忽略了这一点,就无从谈及以人为本。在高校的思想政治教育工作中,尊重人主要指的是要求教育工作者应用平等、民主的方式对待学生,对学生的主体地位给予足够的尊重和重视,并加大对学生的情感投入和双向交流。这不仅有利于良师益友这一新型师生关系的建立,而且有利于更好地启发学生的自觉性,让学生在思想、情感层面产生归属感,能更加自觉地接受思想政治教育并将这些理念内化为信念,外化为行动,以更好地实现教育的目的。

（3）关心人。关心人是指在高校的思想政治教育中应深入学生的生活世界，对学生的学习生活给予足够的关心和重视，真正做到为学生办实事。在高校的思想政治教育中，只有将视角真正地转向学生的生活世界，才能更好地唤起学生的本位意识。高校思想政治教育工作者应清醒地认识到当前的大学生面临着学业、就业、人际关系以及心理层面的诸多压力，这些内在和外在的压力在某种程度上会促使大学生奋发图强、积极进取，但学生个体如果对这些关系处理不当，则很可能会对其个人的成长和发展造成阻碍，甚至会产生各种心理问题和障碍，更有甚者还会引起突发事件。针对这种情况，高校思想政治教育工作者应积极地深入学生实际，对大学生的各种思想困惑、实际困难给予充分关注，如此一来，才能使思想政治教育取得较好的效果。例如，在高校可以开展心理咨询工作、心理健康教育、就业指导咨询等，切实为学生办实事，并创造良好的学习、生活环境。

2. 发展人有利于增强高校思想政治教育的实效力

根据马克思主义的观点，人与动物的根本区别就在于人类能进行自由自觉的活动，通过生产劳动、科学实验等改造自然、社会和自身，并在这一过程中获得自身发展的自由。人在对象性活动中所表现出来的自主性、能动性、创造性构成了人的主体性。然而，人的主体性的生成、发展等并非是靠自然遗传进行的，而是在其自然资质的基础上借助于教育来实现的。教育是人类有目的、有意识的一种使其自身得以实现自我发展的社会活动，其终极价值在于通过培育人的主体性来实现人的自由而全面的发展。思想政治教育是教育的重要组成部分，以促进人的全面发展为其终极价值和必然归宿。因此，以人为本的思想政治教育也应着眼于发挥人的主体性，并促进人的全面发展。

（1）在高校思想政治教育的具体实践中，贯彻实施以人为本这一理念主要体现为使其社会功能和价值得以充分发挥，更为关键的是，思想政治教育还能使个体功能和价值得以彰显，也就是促进个体的社会化，并在促进人的全面发展中发挥积极、重要的作用。例如，对人的主体人格进行塑造、引导人们树立正确的政治方向等。总而言之，应意识到思想政治教育并非外部强加于人的,而是人本身所需并与人的切身利益相一致的。接受教育是人的权利和需要,不仅包括接受一些实用的知识和技能,还包括接受思想精神方面的教育。这两种教育对人自身的成长和发展都至关重要。因此,在具体的实践中,我们不仅要把思想政治教育定位在社会思想政治教育任务的完成方面,还应定位在人的发展方面,也就是要通过发展人来促使思想政治教育对象的主观能动性得以充分发挥,并以此来促进实现思想政治教育功能,如此才能找准"以人为本"的落脚点。

(2)在高校思想政治教育的具体实践中,还应着眼于发挥教育者、受教育者这两大主体的主体性作用。根据现代思想政治教育理论的观点,人的思想政治的观点之所以得以形成,在很大程度上是受到外在价值的引导,并借助于个体主体性的发挥,在不断探索与建构的过程中实现自主自觉。教育者所传导的思想道德是否被接受以及被接受的程度,在很大程度上取决于受教育者的主体性。这主要是由于受教育者的主体性本身能使其以理性的眼光对自己的行为、动机、意图和需求等进行审视,并能很好地将外在于其本身的社会规范转化为其本身的内心法则,甚至能将各种不同的道德规范一步步地从他律转化为自律。作为教育者,应在思想政治工作中充当组织者、发动者、实施者、承担者等角色,充分发挥其主动性、创造性、前瞻性,并在具体的思想政治教育过程中大胆创新、勇于探索,不仅应立足于实际,对教育对象有足够的认识和了解,还应能对客观现实问题进行客观分析,同时能放眼未来,对教育对象起到很好的引领作用,使其能形成符合社会发展所需的思想道德品质。作为受教育者,应充分发挥其主体性作用,借助于其本身的积极能动性,自觉地参与并接受教育。只有这样,思想政治教育才能取得比较好的效果。

3. 服务人有利于增强高校思想政治教育的吸引力

高校的思想政治教育是涉及教育、管理、服务这几大部分于一体的系统工程。在通常情况下,我们所突出强调的是思想政治教育过程中的"教育"和"管理"这两大部分,将对服务的要求更多地渗透于教育、管理中,也就是说,认为思想政治教育中的教育管理其实也是一种服务。在新的形势下,高等教育的发展提出了新的要求,要求高校应强化服务意识,并应努力提升服务质量。高校对服务理念的强调和重视有利于进一步深化以人为本的理念,并凸显高校思想政治教育的感染力、亲和力和实效性。

作为高校的思想政治教育工作者,也应具备强烈的事业心和责任心,牢固地树立服务意识,对学生所反映的问题给予及时、有效的解决和帮助,将实际问题和思想问题的解决有机结合起来,以更好地提高高校思想政治教育的感染力、吸引力、号召力,使高校思想政治教育工作取得更好的效果。

(三) 高校思想政治教育坚持"以人为本"理念的实践要求

要想更好地将"以人为本"的理念同高校具体的思想政治教育紧密结合起来并将这一理念渗透到思想政治教育工作的方方面面,还应明确这一理念指导下的实践要求。只有这样,才能更好地开创高校思想政治教育的崭新局面。

1. 改变思想政治教育的观念和方式,强调学生的主体地位

要想更好地贯彻"以人为本"的思想理念,应改变思想政治教育观念和方式,重视学生的主体地位。具体可以从以下两个方面入手。

其一,应实现学生由被动的客体向能动的主体转变,应充分尊重学生的主体地位,并有效激发学生的主体意识,使学生能够以主体的姿态积极参与到思想政治教育工作实践中,并在实践中充分发挥其主体性的作用。同时,还应对学生的个体差异、个性差别给予充分的考虑,善于同学生进行沟通和交流;充分尊重学生的人格,与学生站在平等的地位进行交流,最大限度地为学生的发展提供条件;对学生的内在心理需求给予充分的考虑,以学生的内在心理需求为依据来组织设计并开展相应的教育活动。

其二,在教育的方式方法层面,高校思想政治工作者应向学生展现出最真诚的一面,真正做到理解人、说服人、教育人,以理服人,以情动人,让学生在真切的体验和感受中提升其思想觉悟。

2. 坚持贴近实际、贴近生活、贴近学生的教育原则

在高校思想政治教育工作中,要想很好地贯彻"以人为本"的理念,还应坚持"贴近实际、贴近生活、贴近学生"这一教育原则。

（1）贴近学生生活实际。高校思想政治教育工作要贴近学生的生活实际，应关注学生以下几大方面的教育：①对大学生的人生观、价值观和成才观的教育；②爱国主义与社会主义教育；③道德观、法治观与理想信念的教育。此外，还应引导大学生积极地将成才与做人有机结合起来，养成良好的学习和生活习惯，形成文明健康的现代生活方式，将自己的前途同祖国的命运紧密地联系起来，以更好地增强学生个体学习的动力和持久力，使其在学习过程中更加积极和主动。

（2）贴近学生的交往实际。当代的大学生面临远离父母和家庭，适应大学生活和学习新环境，以及各种新的人际交往问题等，有些学生感到无从下手，无所适从。因而，作为高校的思想政治教育工作者还应承担起引导大学生处理人际关系的责任，不仅要对他们处理相关的人际交往知识提供科学的指导，而且还应重视对学生人际交往能力的培养。

（3）贴近学生所关心的社会现实问题。随着社会主义市场经济的深入发展，一些大学生也开始对社会主义市场经济建设和改革开放方面的问题给予关注，这些外部环境的发展形势与大学生毕业后的未来出路和创业就业前景息息相关。高校的思想政治教育工作应不断深化对学生思想规律的认识，密切围绕学生关心的疑点、热点、难点等问题，有计划、有步骤地开展思想政治教育。

3. 加强高校思想政治工作的队伍建设

加强和促进高校思想政治工作的队伍建设有利于为高校的思想政治教育提供强有力的组织保障。也只有教师素质得到提升和教师的队伍发展壮大了，才能更好地胜任教育、管理、服务等的全方位的工作。为了更好地建设和优化高校思想政治教育的队伍，可从以下几点着手。

（1）强化理论知识学习。加强理论知识学习最主要的就是学习马克思主义基本理论，同时还应强化对社会主义市场经济知识和现代科学技术知识，尤其是计算机技术知识、心理学知识、法律知识等的学习。

（2）加强专业培训工作。加强对高校思想政治工作者的专业培训（如加强对辅导员心理健康知识的培训）不仅对提升思想政治教育工作者本身的素质大有裨益，而且对更好地贯彻"以人文本"的理念有着重要且积极的意义。

(3) 强化实践锻炼。高校思想政治教育工作具有很强的实践性特点，只有在实践中善于总结经验，才能对复杂的思想、行为等有比较深刻的洞察力和判断力。要提升大学生思想政治教育队伍的素质，应在勤于学习和善于学习的基础上，进行积极实践，并在实践中总结经验，实现能力素质的提升。

二、高校思想政治教育的全面发展理念

高校思想政治教育是推进人实现全面发展的重要方式和途径。它以"做人的工作"为核心内容，并通过充分调动和发掘人的主动性、积极性、创造性等来实现人自身与社会的全面发展。与此同时，实现人的全面发展也是思想政治教育的目的和归宿。因而，将全面发展理念贯彻于高校思想政治教育过程中有着广泛而深远的作用和意义。

（一）全面发展理念的科学内涵

马克思主义关于人的全面发展的科学内涵主要包括以下几个方面。

1. 人的劳动活动的全面发展

马克思说："在共产主义社会里，任何人都没有特殊的活动范围，而是都可以在任何部门内发展，社会调节着整个生产，因而使我有可能随自己的兴趣今天干这事，明天干那事。"[1] 在未来社会中，人的劳动活动的全面发展一方面表现为活动形式的可变动性和多样性；另一方面表现为活动内容的完整性和丰富性，以及人们对自然界活动、社会活动以及人自身活动的改造全面完成。这样一来，人们也完全不用受制于性别、职业、分工、出身等，每个个体都可以按照自身的天赋、爱好等对自己的活动领域进行自由选择，如自由选择从事体力劳动、脑力劳动、物质生产劳动或政治、经济、社会生活的管理活动等，并进行科学、艺术的创造性活动。

---

[1] 中共中央马克思恩格斯列宁斯大林著作编译局. 马克思恩格斯全集（第一卷）[M]. 北京：人民出版社，1995.

2. 人的需求、能力的全面发展

马克思还指出，人的需求就是他们的本性，"任何人如果不同时为了自己的某种需要和为了需要的器官而做事，他就什么也不能做。"① 换句话说，人对外部世界的需求是对人的内在本性的很好的体现以及活动的目的和动力。因而，人的需求得以充分满足也是人的全面发展的重要内容。使人的正当需求得以充分满足也是人不可剥夺的权利，压抑人的正当需求的一切行动都是有违人性的，并从根本上否定了人本身。而人的能力则是实现人的需求的重要手段，并且是建立主客体对象性关系的一种必要条件。人的能力公开和展示了人的本质力量，是人表现和证明自己社会本质的内在力量。恩格斯也认为，人的全面发展要求社会"使自己的成员能够全面发挥他们的才能"，每个人都无可争辩地有权发展自己的才能。② 在共产主义社会中，伴随着人们的需求无止境地向更好层次发展，社会也会顺应时代所需而源源不断地创造出新的劳动需求和职业领域。这样一来，也必然会促使人的能力向着更全面、更多元的方向发展。

3. 人的素质全面提升和个性自由发展

人的素质、个性等是随着活动的多样化、社会关系的丰富化形成并发展起来的。人的素质的普遍提高具体表现为其生理素质、心理素质、思想道德素质以及科学文化素质等的发展、完善以及各种素质的均衡与协调。人的个性的发展也表现为个人主动性水平的全面提高，以及个体独特性的增加与丰富。

人的自主性、能动性、独特性、创造性等方面得到了全方位的发展，个性的模式化就会被消除，每个人在使其个性人格得以保持的过程中凸显着自己的独特存在。每一个具有唯一性、不可取代性的个体使社会充满了生机和活力。正如马克思所指出的那样，每个人的自由发展是一切人自由发展的条件。

---

① 中共中央马克思恩格斯列宁斯大林著作编译局. 马克思恩格斯全集（第三卷）[M]. 北京：人民出版社，1960.

② 中共中央马克思恩格斯列宁斯大林著作编译局. 马克思恩格斯全集（第一卷）[M]. 北京：人民出版社，1995.

4. 人的社会关系全面丰富

人是社会中的个体，每个个体都是在特定的社会关系中生存并发展的。社会关系同时还是人的生活活动的结果，伴随着人的生活活动而发展变化。马克思就是从人的社会性和人的社会关系对人的本质进行把握。根据其观点，人的本质不是单个人所固有的抽象物，在其现实性方面，人的本质是所有社会关系的总和。换句话说，任何现实中的人都是只能在其所处的特殊社会关系所限定的范围内发展并表现自己。实际上，社会关系对一个人能够发展到何种程度起着决定性作用。社会关系是由人们的交往活动建构并联结起来的，借助于交往这一形式，使人们之间的物质、能量、情感、信息等诸多方面的交流得以实现，甚至还可以在交往的过程中借助他人的体力、智力等来突破个体活动的局限性。久而久之，以往比较陈旧的交往方式就逐渐被日益丰富的新的和谐的交往方式所取代，并使得人的支配力量得以扩展，最终使人们可以在此丰富、全面的社会关系中得到全方位的发展。

（二）全面发展理念对高校思想政治教育的启示

马克思主义关于人的全面发展理论以及我们党对该理论的丰富、发展和完善不仅为我们重新审视当前新形势下的高校思想政治教育的价值提供了一个更加广阔的视角，而且也给高校思想政治教育带来了启发。

1. 应弘扬人的主体性作用

我国目前还处于社会主义市场经济初级阶段，这一特殊国情决定了我们应将培育和发展与市场经济相适应的人的独立性和自主精神视为当务之急。思想政治教育中的主体性具体指的是在此过程中的教育者和受教育者都应具备一定的价值倾向、个性以及不同程度的自主性、能动性、创造性等。

弘扬人的主体性也给高校思想政治教育工作者和受教育者等提出了相应的要求。然而，在当前的高校思想政治教育过程中却存在着一个大误区，就是单纯地将受教育者看成是受教育的对象和教育客体，却忽视了学生是有意志、情感、能动性、主动性、创造性的存在。这一错误的理念会导致很多教育行为的发生，如仅仅局限于知识体系的灌输，在教学中缺乏理论与实践的结合，甚至还会出现忽略受教育者身心发展规律等现象，这些都可能导致大学生在实践过程中出现"知与行的背离"。就实际情况来看，思想政治教育并非教师作为主体对学生这一客体进行改造的活动。高校教师在教育中所发挥的作用也仅仅是为学生进行自主研究提供一定的环境、条件等，并进行相应的启发、激励、引导等。要想很好地贯彻这一理念，高校思想政治教育工作的组织者、实施者和发动者也应尽可能地提升其自身的主体性，即主动性、主导性和创造性。也就是说，高校的思想政治教育工作者应充分发挥其在教育工作中的积极主动性，而不是消极被动地应付学生的突发事件。应向学生正确、科学地传授知识，对学生的主体性给予充分的尊重，在一些相关问题的看法方面，应与学生进行平等的交流，启发并引导学生正确分析和解决问题。此外，高校思想政治教师还应潜心钻研新时代高校思想政治教育理论，同时努力提升自己的能力，并在高校思想政治教育工作中发挥其创造性，探索思想政治教育的新途径、新方法。高校思想政治工作者的这种主体性对其工作的功能、效率以及作用的发挥起着决定性的作用。高校思想政治教育的客体在接受教育的过程中也不应是完全被动的，受教育者作为有思想、有意识的个体，应发挥其主体性和主动性，主动地参与并接受教育，这样才能最大限度地提高高校思想政治教育的可接受性，并将高校思想政治教育的内容内化成其自身的思想道德素质。

2. 服务学生的素质拓展，促进学生能力全面发展

在全面发展理念下，人的全面发展还指人的能力的全面发展。高校学生的最大需求可以说是成长和成才的需求，学生的这种现实需求往往还必须通过锻炼各方面的能力和培养素质来满足和实现。因此，高校思想政治教育工作应围绕学生的这一需求，以更加具有吸引力和说服力，更好地引起学生的共鸣，让学生能够更加自觉地将提升思想道德素质内化为自身的成长需要，并更自觉地加入思想政治教育活动中接受教育和锻炼。然而，就目前来看，尽管高校有着丰富多彩的思想教育活动，但一部分活动却依然得不到学生的积极响应和参与。究其原因，主要是很多活动在某种程度

上倾向于形式主义,甚至忽视了学生的特点、实际和需求等,有些活动的展开并不是从服务于学生的素质能力的提升出发的,很难赢得学生的青睐。近年来,随着高校扩招,大学生的就业压力也明显增加,很多在校大学生都普遍存在着比较强烈的锻炼自身能力和拓展其自身素质的愿望,他们对其所接受的教育内容也更加趋向于现实和理性。针对这种情况,高校的所有工作(包括思想政治教育)就应树立为学生素质拓展服务的意识,并服务于学生的素质教育。大学生素质拓展计划就是对这一理念的贯彻和实施。这是由团中央和教育部在高校发起的一项活动,以加强并改进高校学生的素质教育活动为宗旨,对大学生的素质教育的规范化和深入开展起到了极大的促进作用。高校思想政治教育也应抓住这一契机,有意识地将思想政治教育工作渗透在素质拓展活动的计划中,紧密围绕学生的素质拓展来开展思想政治工作,使学生的自我教育、自我管理的能力和意识得到充分发挥,让素质拓展工作成为思想政治工作的新的载体。借助于素质拓展这一活动形式,使学生各方面的能力得到培养,最终将学生培养成为全面发展的人才。

3. 注重培养学生的社会实践能力

由于客观生活条件和教育引导对大学生的心理发展有着重要的、决定性的作用,因而也应该注重社会实践在促进人的全面发展中的作用和意义。社会实践能力对学生的影响只有通过发挥学生主体的积极性才能得以真正实现。大学生在与社会互动的过程中,与社会、周围的人和事物等建立广泛而深刻的联系,并产生各种新的需求、情感、思想和行为等,从而形成稳定的心理特征和个性倾向。与此同时,社会不断地对青年提出更高的要求,并进一步对大学生的心理产生制约和影响。大学生只有在积极的实践活动中才能更好地接触、认识并改造现实。可见,高校思想政治教育要想更好地促进人的全面发展,就应注重将思想政治教育同生产劳动、社会实践相结合。借助于社会实践,不仅能促使学生培养并发展良好的人生观、世界观、情感以及社会态度等,而且能促使学生在社会实践中发展并培养个体品德、意志、性格等,使学生对生产劳动的基本过程有更清楚的了解和认识,以更好地将理论和实际有机联系起来,学以致用,逐步培养和发展理论联系实际的能力以及创造能力等。此外，学生在社会实践的过程中锤炼其身心，增强体魄，运用所学的科学知识服务基层、服务社会，在社会实践中锻炼成长。

（三）全面发展理念指导下高校思想政治教育创新的路径

结合当前高校大学生的实际，并以人的全面发展这一创新理念为指导，推进高校思想政治教育有以下几个创新的发展路径。

1. 强化人格的教育

人格属于思想道德素养的一个非常重要的方面。基于当前很多大学生责任意识不强、践行能力比较差、承受能力弱等现实情况，在高校思想政治教育工作中应重视对大学生人格教育的培养。人格教育的培养主要是借助于观察、评定等方法，了解并认识学生的人格特点，采取多样化的教育和心理学的手段，对人格缺陷进行改进或弥补，使学生个体的人格能实现健康的发展，并逐渐形成健全的人格。在高校思想政治教育工作中，应借助于各种教育手段，让学生能对自身的内心世界以及周围的客观环境有更加清楚的认识，能对其自我价值以及人生意义形成自觉认识，并能独立地解决问题，在此过程中实现自立、自强、自尊、自爱，不断丰富并健全人格。此外，还应培养学生坚持真理的理性精神和高尚德行，让学生逐步学会保持人格的完整与独立。注重学生人格发展中的协调发展，不仅应重视学生的社会化，培养社会发展所需要的人格特征，让学生自觉地养成理解并尊重他人的品格，而且还应注重学生的个性化发展，让学生逐步养成处变不惊的品格，强化学生的主体地位和主体意识。这样，才能一步步地培养当代大学生自信、乐观、诚实等健全的人格。

2. 树立务实的理念

树立务实的理念具体指的是在高校思想政治教育工作中应着眼于具体工作的细节，切切实实地解决大学生的实际问题，从解决大学生所密切关注的实际问题来提高思想政治教育工作的效果。比如说，可以将教育内容、目标等巧妙地贯穿于实际问题的解决过程中，力求实现既传播了教育内容，同时又赢得了大学生的信任和尊重这一双重目的。例如，可以联系生活实际展开对社会热点话题的讨论或专题报告等，在调动学生积极主动性的同时，激发学生的思维。

3. 采用多样化的教学手段

大学生思想形成的复杂性这一特点决定了高校思想政治教育运用单一的教学手段很难实现人的全面发展。因此，在进行高校思想政治教育的过程中，应采取多样化的教学手段，以此来形成教育合力，从而促进大学生的全面发展。例如，可以通过板报、广播、电视、网络、画廊等形式来营造良好的思想政治教育环境，以此来增强高校思想政治教育工作的影响力和感染力。尤其要善于运用现代化的科学技术，如现代传媒手段来宣传具有时代气息并经得起实践检验的内容和道理，从而使高校思想政治教育更具时效性、针对性。此外，还要注意引导学生借助于思考、自励、自省、体验等自我教育的方式，将其自身感受和体验等升华为为人处事的道理，转化成追求真善美的内在动力。

4. 加强心理健康教育

人的全面发展理念还包括人的个性的自由发展，在这一理念中人的心理因素的发展与完善也是非常重要的内容。同时，由于现代社会具有复杂、开放、易变等特点，人们会受到多元价值观念的冲击，大学生也难免受到这一大环境的影响。基于此，在高校思想政治教育中，应强化对大学生的心理健康教育，按照大学生的心理特点，向其传递有针对性的心理健康知识，并对其开展心理辅导和咨询，以此来帮助大学生树立心理健康的意识，优化大学生的心理品质。这不仅能很好地帮助大学生预防和缓解心理问题，还能强化其心理调适能力以及适应社会生活的能力，并更好地服务于大学生的自我管理、求职择业、环境适应、情绪调节、交友恋爱以及人格发展等，对其良好心理品质的培养大有裨益。

5. 优化校园环境

大学校园独特的环境为大学生的个性发展提供了自由发展的广阔天地，同时也为大学生个人潜能的发掘创造了有利的条件。事实上，这些都为全面发展理念下实现大学生的全面发展提供了外在客观的具有人文特点的育人环境。为了更好地服务于高校思想政治教育工作的全面发展理念的贯彻和指引作用，高校在优化校园环境方面应遵循优化原则，为大学生营造更好的育人环境。

首先，应坚持依法治校的理念。具体而言，就是要建立健全的科学规章制度，依靠制度实行管理。从本质上来看，这一方式的实施是为了使高校治理科学化、制度化、法制化，通过这种方式来约束和规范高校的管理行为。与此同时，还能增强学生的法制观念和意识，让大学生养成遵纪守法的好习惯。依法治校方针的实施不仅为和谐校园的创建提供了根本的保证，同时也是实现大学生的全面发展所必需的。

其次，应坚持民主管理的理念。要坚持这一理念，应充分发挥学生会等组织对联系大学生所起到的纽带作用，努力维护好大学生群体的根本利益，保护好大学生的积极性，使其聪明才智和潜能得到充分发挥，同时也能使学生的主体作用得到应有的尊重和肯定。

最后，凝练大学精神。可以说，大学精神是大学文化的精髓和灵魂，大学生甚至会受到大学精神的指引，将其大学内在的精神文化涵养渗透在其行为主体和各种文化载体中，用其特有的导向、激励和塑造等功能在人才培养和发展中发挥关键的作用。因此，为了更好地将人的全面发展理念贯穿于高校思想政治教育工作中，大学文化建设应按照先进文化的发展要求，对本校的优良文化传统进行认真总结和分析，紧密结合时代精神，对大学精神进行凝练，从而有利于创建良好的人文氛围。

6. 加强政工队伍建设

为了更好地将人的全面发展理念贯穿于高校思想政治教育工作中，还应选拔一批德才兼备的年轻干部，以充实高校的政治工作队伍。与此同时，还应对当前的政治工作队伍的现实状况进行具有针对性的分析，并结合存在的问题和不足制订相应的培训计划，加大培训力度，为政治工作营造良好的学习环境。在具体的培训工作中，应利用各种各样的途径和方法来持续完善政工的知识体系，提升其业务能力和理论水平，使其学会运用现代思维方式和工作方法来做好本职工作。此外，还可以对一些制度和办法做进一步的修订和完善，使高校思想政治工作的激励机制逐步完善，努力建设一支作风正、业务精、能力强的高校政工队伍。

三、高校思想政治教育的开放育人理念

当今社会是开放的社会,高等教育育人的过程本身也具有开放性的特质。高校以育人为其根本任务,所培育出的人才也要步入开放的社会来实现其自身的价值和发展。同时,受到高校人才培养目标职业性、教学过程实践性、教学资源需求开放性等特点的影响,高校思想政治教育工作的开展还应在开放的环境下争取并实现对资源的优化使用。因此,在高校思想政治教育中应秉持开放育人的理念。

(一)开放育人理念的相关内涵

1. "开放发展"的育人内涵

"育人"也就是我通常所说的"教育人"。作为一个完整、系统的体系,"育人"最基本的是使之成人,然后才是使之成才。"育人"理念一方面体现为教师的"传道授业解惑";另一方面还包括将人才培养作为基础的高校的三大功能各环节间所形成的和谐的和充满活力的大学文化。

在知识经济时代,高等教育社会服务功能的重要性越来越突出。开放育人的环境具体指的是大学同社会的协调发展和联动发展,并持续不断地提升高等教育的育人质量,从而更好地实现大学功能地位的提升。在现代高效的思想政治教育中,秉持开放育人的理念也是不断提升高等教育育人质量、实现教育现代化的战略性选择。从狭义层面来看,高等教育的"开放"指的是高校在具体办学的过程中面向世界,以国际化的视野来办学。从广义层面来看,需要高等教育在育人的过程中打破传统教育的束缚和枷锁,即实现高校内部的开放、本国高校之间的联系、本国高校同外国高校的联系,以及高等教育同社会其他子系统间的联系。具体而言,高等教育在育人理念、内容、方式、环境等各个方面都应坚持开放性这一理念,规避育人中的单一性、封闭性、简单化等。

2. 开放性原则的具体内涵

开放性原则具体指的是,要充分认识思想政治教育与社会环境、时代背景以及其他学科理论的相关联系和作用,并能以辩证的眼光处理它

们之间的关系，从而促使其理论的丰富和准则的完善。开放性原则也是高校思想政治教育中应坚持的重要准则。根据马克思主义的观点，任何一门学科理论都具有相对性，并处于不断发展的状态。这在认识层面表现承认真理的相对性和认识的无限性，在逻辑范畴和理论体系层面则表现为开放性。

开放性原则和开放育人的教育理念是高校思想政治教育中方法论发展的应有之义。具体涉及以下几个层面：首先，根据思想政治教育实践发展的时代背景和社会环境的发展而发展，并持续不断地增添新的、与时代变化和社会发展相适应的方法理论和形态。其次，思想政治教育方法理论应随自然科学和其他社会科学方法论的发展而发展，借鉴和吸收新理论和新方法，淘汰过时的理论和方法。最后，当代高校思想政治教育方法论的理论体系和形态应随着理论研究的不断深入而丰富完善。

（二）开放育人理念下构建高校思想政治教育的途径

1. 确立开放的高校思想政治教育理念

在全球化大背景下，高校思想政治教育环境、内容方面的开放性日益凸显，因而应加强对当代大学生进行开放性的思想政治教育。要将开放育人的理念更好地贯穿于高校思想政治教育工作中，首先应将观念的开放性和人际关系的开放性作为开放育人的基础。在开放的大环境下，高校思想政治教育同社会环境间的界限逐渐变得模糊，高校同社会间的关系处于共生、互动的新格局中。高校社会化对大学生的生活方式、交际方式、价值取向等也产生了广泛且深远的影响，并使大学生的思想具有多元化的特点。因此，如何处理好大学生思想的多元化同社会主义意识形态主导性之间的关系成为当务之急。在开放式条件的大环境下，高校思想政治教育应从当代青年的实际出发，坚持主导性与多元性的有机统一。如果只讲主导性而忽略了多样性，会使高校的思想政治教育脱离实际或流于形式，阻碍主导性的发挥和实现。如果只讲多样性而忽视主导性，会使高校的思想政治教育与其正确的发展方向相背离。

2. 改革并创新高校思想政治教育的内容和方法

将开放育人的理念贯穿于高校思想政治教育工作中，还应对高校思想政治教育的内容、方法进行改革和创新。

首先，高校思想政治教育应强化对大学生创新意识、创业意识的培养。在知识经济社会的大环境下，经济和科技的竞争不仅表现为人才数量和结构方面的竞争，还表现在人才的创新精神以及创造能力方面的竞争。将当代的大学生培养成为兼具创造能力和创造性思想的人才，不仅是高校人才培养的目标和方向，而且也是我国教育改革和发展的重点和方向。

其次，高校思想政治教育应对学生的自我教育、自我管理以及自我发展的意识给予足够的强化和重视。在开放式的条件和形势下，高校面临着以前任何时代都没有的、复杂的社会环境。在这种情况下，要想做好高校大学生的思想政治教育工作，就要综合考虑各方面的因素，如将教书和育人相结合，将政治理论与社会实践相结合，将继承优良传统与改革创新相结合。只有对各种因素进行全方位的综合考虑，才能对学生给予更好的引导，使其不至于在复杂的社会环境中迷失方向。

最后，高校思想政治教育还应与市场经济条件下家庭情况分化这一特点相适应，应对以特困生为代表的特殊学生群体给以充分的关注，积极探索建立大学生家庭联系沟通机制，使学生家长和学校形成通力配合的关系，以此来促进大学生思想政治教育水平的提高。

3. 充分利用网络这一思想政治教育的新载体

在高校思想政治教育中，不仅应改进并发扬传统思想政治教育工作中有效的活动方式，还应借助网络这一新的载体进行探索。

首先，应提升德育工作者的素质，促进专业教师掌握网络技术。应站在培养人和全方位提升学生综合素质的高度，重视提升高校干部的自身素质，如网络技术和互联网运用的相关知识和技能。其次，针对高校学生使用网络的情况，教师应给予恰当、科学的引导。最后，教师还可以丰富网上思想政治教育的内容，将网络变成思想政治教育的重要载体之一。例如，高校教师可以尝试着设立思想政治教育相关的专门网站，将主要渠道的灌输和网上的积极渗透有机结合起来，以此来增加教育教学的效果。高校教师还可以积极开发并利用网络技术，使学生的思想政治工作和日常管理工作逐渐走向信息化、网络化。

　　总之，作为德育工作者，不仅应将互联网等网络技术当作了解学生思想政治状况的窗口，还应适时地与学生展开网上思想沟通和交流，使网络成为师生和思想教育专家交友谈心、宣泄情感的重要场所，使网络真正成为高校思想政治教育工作的新途径。

第三章　新时代高校思想政治教育的对象目标

高校思想政治教育总是针对特定的对象展开的。了解高校思想政治教育对象是实现高校思想政治教育对象针对性的前提。因此，认识高校思想政治教育对象是高校思想政治教育实践的首要环节。另外，人生活在社会之中，受多种自发因素的影响，其人格和行为的发展有多种可能性。高校思想政治教育的任务就是教育和影响对象，将其引导到正确的方向并使其达到应有的高度和水平。在这里，最重要的措施之一就是确定科学的高校思想政治教育的目标和内容。基于此，本章从对象目标入手，分析新时代的高校思想政治教育。

第一节　高校思想政治教育的对象

一、高校思想政治教育对象分析的意义和方法

（一）高校思想政治教育对象的含义

高校思想政治教育对象是什么？应从两个角度加以理解，第一层次是对象的含义（所包含的意义），第二层次是对象的定义（对于一种事物的本质特征或一个概念的内涵和外延的确切说明）。

1. 高校思想政治教育对象的含义分析

从含义去理解，高校思想政治教育对象就是指高校思想政治教育面对

的人，高校思想政治教育者和高校思想政治教育对象构成一对关系。这是高校思想政治教育对象的范围。有的观点认为，高校思想政治教育对象是高校思想政治教育实践的对象，这是一个比较宽泛的含义，因为高校思想政治教育实践是非常广泛的，不仅指直接做人的思想工作，而且也指高校思想政治教育中的组织工作、科研工作、宣传工作、管理工作、领导工作，等等。同时，要区别高校思想政治教育对象与高校思想政治教育研究对象（或高校思想政治教育学研究对象）。研究对象要比教育对象的范围大得多，它是以教育对象为基础，涉及高校思想政治教育各个方面的对象。

2. 高校思想政治教育对象的定义

从理论上讲，需要对高校思想政治教育对象下一个定义。这时，就不仅仅是进行一般的理解和解释，而是要形成一个科学的概念。要做到这一点，比第一层次的工作更难。无论是实际工作还是科学研究，越是精确科学的事，做起来就越难。截至目前，这方面的研究不多。从已有的论点来看，主要有三种：一是指人，认为高校思想政治教育对象是人；二是指人的思想，认为高校思想政治教育对象是人的思想；三是指个人的政治思想，认为高校思想政治教育对象是人的思想、立场和观点。①

所谓高校思想政治教育对象，是指人的思想。人的思想是一个整体，其落点是在"思想"上。人和思想是相互区别和相互联系的两个层次，并构成不可分割的统一体。第一层面是人，这是高校思想政治教育对象的基础层面；第二层面是思想，即人的思想，这是高校思想政治教育对象的直接层面。思想是内在的，但相对于人而言，则是派生的。人和思想二者相互作用并同存于统一体。

高校思想政治教育对象统一体是指，一定的思想总与一定的人相对应。例如，中国人的思想是中国人的，而不是美国人的；张三的思想是张三的，而不是属于李四的；工薪阶层的思想是工薪阶层的，而不是资本家阶层的。思想是高校思想政治教育的特有对象，但思想是与人（阶级、阶

---

① 孙其昂. 思想政治工作对象的研究现状与深化思路 [J]. 河海大学高等教育学报，1994（5）.

层、个体）联系在一起的。离开特定人谈思想就变成"抽象的思想"，就会失去高校思想政治教育的针对性。人的思想是通过行为表现出来的。不通过行为，则无法把握思想，不观察分析行为，也无从检验高校思想政治教育的效果，因此人的行为也是我们把握高校思想政治教育对象时应该研究的。

（二）认识高校思想政治教育对象的重要性

1. 有利于制定高校思想政治教育的目标、任务、方针

制定高校思想政治教育目标、任务、方针的依据有很多，比如政治纲领、理论观点等，但高校思想政治教育对象是其重要依据之一。高校思想政治教育工作者通过对教育对象的调查，把握不同教育对象的思想的共同特点与类别的差异，有针对性地制定高校思想政治教育目标，这是实现教育对象思想转化的重要条件。没有正确的目标，高校思想政治教育就失去了指向性，就无法增强高校思想政治教育的有效性，也就达不到提高人们社会主义思想觉悟和认识能力的目的。那种不调查研究教育对象的具体情况，不分时间、地点和条件，主观地提出不切合实际的目标，进行千篇一律的高校思想政治教育的做法是难以奏效的。高校思想政治教育的目标制定正确与否，条件之一是要符合教育对象的思想实际状况。高校思想政治教育者应通过调查研究，获取工作对象的思想信息资料，在科学地分析工作对象的思想特点及其发展趋势的基础上，确立正确的高校思想政治教育目标。[1]

2. 有利于有针对性地开展高校思想政治教育并取得实效

各种事物之间具有共同性，但认识事物的起点是它们的特殊性研究和认识高校思想政治教育对象的着眼点正是高校思想政治教育对象的特殊性，从中找到工作的重点，做到有针对性，提高实际效果。"一把钥匙开一把锁"，看起来是个别工作的原理，许多人也把它归之为做个体高校思想政治教育的方法，这似乎是一对一的工作方法，但其实这一原理具有普

---

[1] 孙其昂. 高校思想政治教育学基本原理［M］. 南京：河海大学出版社，2004.

遍性。它所揭示的规律就是指高校思想政治教育的针对性。无论是对个体,还是对群体(阶层)的高校思想政治教育,都需要有针对性。两种对象在数量上有多有少,但从针对性角度来看,对个体而言是一种思想,对群体而言则是一类思想。不了解这个群体与其他群体思想状况的特殊性,就无法对这个群体开展有效的高校思想政治教育。例如,把对农民的思想政治教育的要求和方法搬到对大学教师身上来,显然是用错了"钥匙"。用不同的方法解决不同的矛盾,这是马克思列宁主义者必须严格遵守的一个原则。

3. 有利于加强高校思想政治教育理论建设,对高校思想政治教育对象形成一个相对稳定的认识

如果高校思想政治教育对象的理论比较成熟,又能对高校思想政治教育对象进行动态研究,及时得出科学结论,这对于高校思想政治教育的健康发展必然发挥积极作用。就当前来说,在改革开放和建立社会主义市场经济体制的背景下,社会处于转型时期,迫切需要研究和认识社会各阶级的经济、政治、心理、行为等状况,更有效地开展高校思想政治教育。当前,我国正处在改革的关键时期,社会情况发生了复杂而深刻的变化,经济成分和经济利益多样化、社会生活方式多样化、社会组织形式多样化、就业岗位和就业方式多样化日趋明显,给高校思想政治教育带来大量新情况、新问题。这就是要求我们充分认识新时期高校思想政治教育对象的新特点,以期有针对性地做好高校思想政治教育。

二、高校思想政治教育对象分析的基本思路

像任何物质生产要借助工具一样,理论的产生也要借助于工具,只有好的工具才会有高质量的理论产品。此处对理论工具的讨论主要是具体分析高校思想政治教育对象的基本思路。

(一)系统论的认识思路

系统是指存在于一定环境中的、由若干相互联系、相互作用的要素所构成的具有一定结构和功能的有机整体。世界上任何一个系统都是较高一

级系统的要素，同时，任何一个系统的要素本身又是较低一级的系统。人的思想也是一个系统。一方面，人的思想是更高一级系统的要素，通过这个系统来认识思想，即联系思想与人、人与环境的关系来认识人的思想，力求全面认识的思想。联系时代、社会、阶级、行业、职业、团体、家庭等分析人的思想，这就是这种思路的具体应用。倘若对环境、人的认识发生偏差，对思想的认识也会发生偏差。另一方面，人的思想本身也是一个系统。对思想进行分析，可以通过认识人的思想中的要素及其相互关系来认识人的思想，包括认识人的思想这一整体（系统）、各个思想要素的特征、地位（在系统中的地位）和功能，以及它们之间的相互关系等。

（二）层次分析的认识思路

这是对第一种认识思路的进一步深化，在高校思想政治教育实践和研究中用得比较多，也比较有效。

1. 从人这一层次上进行认识

在人这一层次上，可以以人群为对象分成三个层面，即领导人、骨干人员和群众。领导人位于人群中的最高层，他们是组织中的核心，应成为高校思想政治教育的首要对象。骨干人员是领导人和群众之间的桥，也是一个组织的骨干力量。越是先进的集体，骨干人员就越多，这是普遍规律。群众是一个组织的基础，是基本力量。由此可见，高校思想政治教育对象是有内在结构的人群整体。

2. 从思想这一层次上进行认识

从总体上看，人们的思想可以分为先进、中间和后进三个层次。一是先进的思想层次。这一层次的思想有远见、有创见，关心长远利益和集体利益，品德高尚，积极进取，乐观向上，对其他层次的思想起到影响和带动作用。二是中间的思想层次。这一层次的思想基本能正确处理国家、集体和个人三者的利益关系，行为上遵纪守法。三是后进的思想层次。这一层次的思想中有积极向上的因素，但消极、错误的因素非常突出，左右行为。高校思想政治教育要研究这三个层次思想的不同特点和表现，也要研究它们之间的联系，要促使先进思想转化为先进行为，用先进思想和行为引导其他人的思想，促使中间的思想层次向上发展，着力转化后进的思想层次，从而提高思想的整体水平。

（三）多学科的认识思路

人的思想是极其复杂的。以个体而言，具有三种存在形式，即生理因素、心理因素和社会因素。要真正认识人，这三个方面都不可忽视，必须从多种角度去认识，并相互配合。认识人的生理因素必须运用生理学、解剖学等知识；认识人的心理因素必须运用心理学、精神病学等知识；认识人的社会因素必须运用哲学、政治学社会学等知识。而人又是历史的存在，人的本质在于社会性，因而还必须运用历史科学和其他人文社会科学来认识人。由此可见，必须运用多种学科原理和知识来研究和认识人。

运用多种学科认识人，一方面要根据认识任务的特殊性来运用相应的学科；另一方面要根据认识高校思想政治教育对象的整体性、全面性来运用相应学科。认识人和认识思想是认识高校思想政治教育对象的两个任务，而认识人又可以分为三个层次的任务：宏观层次是国家、阶级、人民，中观层次是阶层、群体，微观层次是个体。由此，可以分别运用政治学、社会学和心理学的知识加以认识，此外还有行为科学、大众传播学等知识。对思想的认识也是如此。社会意识、社会心理、团体意识、个体思想心理等也有不同的尺度和特点，也需要运用相应的学科来研究和认识。实践表明，党和国家组织领导全党、全国的高校思想政治教育，这是在宏观层次上把握和开展的实践活动，以马克思主义为基本理论依据，同时运用哲学、政治学、经济学，以及党的建设理论；党的基层组织和企事业单位组织高校思想政治教育，除了贯彻执行党和国家的路线方针政策外，还广泛地运用了多种学科原理和知识。而对社会群体和个别人的认识以及开展高校思想政治教育，运用了心理学、行为科学、公共关系学等学科知识。这些为我们从理论上展开和深入研究提供了一定的依据。

认识高校思想政治教育对象，首先要认识事实，然后作价值判断；不仅要进行质的分析，而且要从数量上进行把握。因此，还应运用社会调查统计、数理分析、计算机技术、心理测试等手段，对高校思想政治教育对象进行实证调查和统计分析，形成数量概念。这在现代社会是必不可少的。

三、高校思想政治教育的具体对象

青年是国家的未来,民族的希望。一个有远见的民族,总是把目光投向青年。列宁指出:"我们是未来的党,而未来是属于青年的。我们是革新的党,而总是青年更乐于跟着革新者走的。我们是跟着腐朽的旧事物进行忘我斗争的党,而总是青年首先投身到忘我斗争中去的。"① 把青年作为高校思想政治教育的主要对象是高校思想政治教育的重要职责。

(一) 马克思主义青年观

马克思主义青年观是马克思主义对青年总的看法和态度。马克思主义青年观包含十分丰富的理论内容。

一是青年是社会主义事业的未来和希望。马克思指出:"最先进的工人完全了解,他们阶级的未来,从而也是人类的未来,完全取决于正在成长的青年一代的教育。"② 马克思主义坚定地相信青年,寄希望于青年。

二是青年是一支最积极、最有生气的力量。青年是整个社会中最积极、最有生气的力量,他们最肯学习,保守思想最少,在社会主义时期尤其是这样。因此,要特别注意发挥青年的作用,不要将他们一般看待,不要抹杀他们的特点。

三是青年是各阶级势力争夺的力量。青年不是一个独立的阶级或阶层,他们正在逐步成熟,即将或刚刚走上社会。各种势力都把青年作为争夺的主要对象。在我国现阶段,阶级斗争已不再是社会的主要矛盾,但是国内外敌对势力同我们争夺青年一代的斗争仍然会在一定范围内存在,西方的预言家把"和平演变"寄托在我国第四代、第五代身上。

四是青年是高校思想政治教育的主要对象。对青年既要热情关怀,又要严格要求,使青年全面发展,避免认识和行动上的盲目性、片面性和绝对性。

---

① 中共中央马克思恩格斯列宁斯大林著作编译局. 列宁全集 [M]. 北京:人民出版社,1959.

② 中共中央马克思恩格斯列宁斯大林著作编译局. 马克思恩格斯全集 [M]. 北京:人民出版社,1979.

（二）青年的特点

青年作为人生的一个特殊阶段，既具有全人类共有的本质特征，又由于年龄和社会地位的特殊性而表现出某种独特的本质特征。

一是矛盾性。青年是一个矛盾体。一方面，青年面临的矛盾、困惑、冲突众多；另一方面，青年的思想认识和行为选择表现出明显的两极性，面临着生理成熟与社会不成熟的矛盾、自我发展与社会发展的矛盾、现实存在与未来前景的矛盾。

二是突变性。一则指青年期生理、心理、思想诸方面的"突击"发展；二则指青年感受外界刺激极为强烈，即最容易受现实社会环境的影响。因此，有些学者诊断青年期是人生发展的"狂风暴雨期""危险期"及"自我意识的突变时期"。

三是边缘性，又称边际性。这种特质普遍存在于青年，特别是现代青年生活形态的各个方面。在联合国关于青年状况的一份报告中，曾专门论及"处于边缘状态下的青年"，其中谈到边缘状态是个多方面的概念，一般来说青年在经济生活中尚未占据主导地位，相对来说比较贫穷，在文化上尚未同化，在政治上的边缘性更为明显。青年在政治社会生活中是一支不可替代的政治力量，他们政治热情饱满、政治参与意识强烈、政治思想敏锐、政治情感丰富，从而具有推动社会发展、维护政治稳定、促进政治变革的积极和正向的作用；另外，由于青年政治上的边缘性和成熟性，导致他们政治理想大于政治现实、政治参与热情大于参与能力、政治激情大于政治理性，由此造成政治思想的活跃与混乱、政治能量的盲目释放及政治偏激思想与政治盲动行为，因此迫切需要进行高校思想政治教育。另外，青年自我意识发展、主体意识觉醒，并注重自我价值的实现，青年文化的出现壮大并产生对社会的"反哺功能"都是青年精神生活边缘性的表现。

四是可塑性。这是指个体根据外界事物变化的情况而改变自己适应行为的特征。青年各方面尚未定型，处于发展之中。就社会而言，青年是社会重点教化的对象，而就青年自身来说，其具有可以塑造的内在条件和需要。

(三) 正确地认识当代青年

当代青年作为一个统称,包括的人数众多,他们分布在各行各业,思想道德水平也千差万异。这里我们仅就当代青年的某些突出特征来分析其利弊,尝试用客观的、历史的、发展的观点来认识这一群体。

一是站在时代的高度来认识当代青年。认识当代青年要承认青年和上一辈之间的"代沟"。不要用"我们过去怎样"来衡量好坏,更不能简单地认为"一代不如一代"。必须看到当代青年正在或已经成为社会主义现代化建设的主力军,他们的知识结构和实际业务能力使得他们能够胜任许多具有挑战性的工作。只要加以引导,激发他们强烈的事业心和成才欲,便会使其大有用武之地。

二是用新的眼光来认识当代青年。"五四"运动期间,曾把青年称为新青年,而有人则把知识经济时代的青年称为"新新青年"。当代青年的"新"主要表现在以下几个方面:①观念新,注重自我奋斗。②知识新。③工具新,他们是被科技和信息哺育大的一代。科技如阳光、空气、水一样是他们生活的必需。④生活方式新。目前分布在音乐、文学、绘画、电脑、服装、旅游等领域的年轻人中有一批是自由职业者,他们的口号是要自由,又要高薪。他们的性格通常是个人主义色彩极浓,选择职业以满足个人生活方式为主,不愿适应传统的管理制度。然而,社会发展需要他们的专业素养与工作成果。此外,他们不是孤立的,其他人群也会受到他们的影响。面对这些"新新青年",必须有"新"的高校思想政治教育。

第二节 高校思想政治教育的目标

一、高校思想政治教育的根本目标

(一) 根本目标是培育社会主义新人

社会主义新人有两大特点。一是社会主义性质,这是阶级性的体现。

这种人具有社会主义知识修养，具有社会主义价值观，具有社会主义信念。这种人形成自我教育能力，能够以社会主义信念引导自己思想政治品德的发展。不论走到哪里，他们身上都具有稳定的社会主义素质。二是新，即时代性。这是社会历史发展和时代精神的体现。社会主义是一个历史运动，社会主义的每一个历史阶段有不同的社会条件、环境特点和特殊矛盾，每一个阶段的社会主义建设都必须继承历史，又开拓新业。这就要求每一代社会主义新人既要继承优良传统，又要有新的时代特征。就今天来说，社会主义新人应具有下列时代特征：有创新意识，宽广的胸怀和开阔的眼界，效益意识与奉献精神，较高的科技素质、人文素质，有学习能力，既能继承优良传统，又能开拓创新等。总之，社会主义新人应具备现代人的素质，应当是身心获得全面、协调发展的人。"四有"是社会主义新人的基本素质，社会主义性质与时代性在社会主义新人身上得到统一。

（二）培养社会主义新人是时代对高校思想政治教育的要求

高校思想政治教育的根本目标是培育社会主义新人，这也是依据社会现实和时代要求而确定的。

首先，重视"人"的作用的历史与现实。马克思主义认为，人是生产力诸因素中最积极、最活跃的因素，也是世间最宝贵的资源，即人力资源。在社会历史各个阶段、在社会各个领域各个层次，无不看到人的活动、无不看到人的作用，尤其是优秀人群的巨大作用。在中国共产党的高校思想政治教育历史上，其成功之处就在于培育了一大批新人，为革命和建设事业做出了贡献。在新中国成立之前，经济文化非常落后，中国共产党能从小到大，从弱到强，从败到胜，关键在于有"新人"，用马列主义培育了一大批杰出的革命家，哺育了数以万计的工人阶级先锋队战士。总结历史，我们看到党的成功就在于人的成功。高校思想政治教育的巨大作用就在于用马克思主义教育人，使他们成为社会主义者。这在世界政治史上是罕见的壮举，毛泽东豪迈地称之为"伟大的工程"。随着社会发展，这种"人"的作用越来越明显，越来越重要。管理思想的变化，以及企业管理中心由物到人的转变就体现了这一点。所谓以人为中心，以人为本，一方面强调人的重要性，强调人力资源是最宝贵、最有潜力的资源；另一方面是提高人的素质，满足人的需要。以人为本中的"人"是指高素质的人，而不是庸人、坏人。关键在人，这是党的认识；人才强国，这是我们国家的战略。高素质的人，正是高校思想政治教育的根本目标。

其次，生产力发展和社会进步与人的素质成正比。以人为本，提高人的素质，这是世界潮流。一个社会管理体系要运行完善，关键还是要有素质高的人去执行和遵守。"高素质"的人有几个标志：好学不倦的风气，注重维护社会公德，人们具有强烈的工作责任感，良好的职业道德和注重保持良好的生态环境等。这种高素质的人保证了社会高效能、有序地运行。其实，在西方发达国家的企业管理科学中，都是以人为对象，以提高人的素质为基础，以调动人的积极性为直接目标，这些与我们的高校思想政治教育是相通的，值得借鉴。

二、高校思想政治教育的直接目标

高校思想政治教育的直接目标是对根本目标的分解和具体化，指高校思想政治教育宣传、教育、引导等工作的预期结果。

（一）根本目标和直接目标的区别

高校思想政治教育的根本目标是培养社会主义新人，培养其具有稳定的社会主义素质，这是素质化、综合化、整体性的目标。直接目标则强调某个阶段、某一具体情境中人的思想行为能否符合要求，强调教育对象某一方面的素质。这是分解式和具体化的目标。根本目标是深层次的，是长远性、战略性、稳定性的目标。实现了根本目标，意味着对象具备了稳定的社会主义素质和自我教育能力，在各种环境中都能做到"任尔东西南北风，咬定青山不放松"。高校思想政治教育的根本目标就是要培育这种"共产党人"。而直接目标是表层次的，具有直接性、近期性、现实性和变动性等特点。

（二）根本目标和直接目标的联系

根本目标对直接目标起决定作用，直接目标是根本目标的体现。根本目标的实现是在直接目标的不断实现中完成的。没有直接目标的实现，就不可能有根本目标的实现。但是，某一阶段的直接目标的实现并不等于根本目标的完成。一般而言，根本目标的实现是若干个直接目标实现的积累，可谓是量变到质变的结果。在一定历史阶段，结合形势开展的高校思想政治教育大多具有直接目标的性质。对大多数人来说，尽管接受了这一阶段的高校思想政治教育，实现了高校思想政治教育的目标，但由于停留在直接目标层次，而没有进入根本目标层次，这样可能会导致时过境迁，失去了应有的社会主义觉悟。直接目标决不能偏离根本目标，否则就偏离了高校思想政治教育的性质、方向，即使搞得轰轰烈烈，那也只是暂时的，经不起时间的考验，也会出现"黔驴技穷"的后果，这对高校思想政治教育不仅无益，反而是有害的。改革开放以来，高校思想政治教育实践中出现的脱离根本目标来实现直接目标的"淡化政治""低格调""感情投入""对话""物质刺激""满足需要""文化活动"等，尽管在短时间内满足了一部分人的需要，可以活跃高校思想政治教育气氛，但实际上只是"短期效应"，既不能实现直接目标，更不能实现根本目标。因此，只有从根本目标出发，以根本目标为目的来设置和实现直接目标，高校思想政治教育才具有生命力。在这个意义上，不重视直接目标的特殊性，或把根本目标等同于直接目标，无法真正实现高校思想政治教育的目标。

高校思想政治教育的根本目标与直接目标都是以人为对象的，二者都要以人为本。但是，从高校思想政治教育对象两个层次来看，高校思想政治教育直接目标处于"思想"的层次，而根本目标则处于"人"的层次。尽管"思想"也是"人"的一部分，但是直接目标中的"思想"是指现实的思想、当时的思想；根本目标中的"思想"是指思想中的核心，即信念，是指思想的结晶。所以，高校思想政治教育根本目标所说的"人"，是以政治素质为核心，以生理、心态、情感、知识、技能、经验等素质共同铸成的主体，是具有稳定人格的人。因此，忘记了根本目标等于忘记了高校思想政治教育的根本。在开展直接目标规定的高校思想政治教育的大量活动过程中，一定要把根本目标贯穿始终，实现直接目标与根本目标的有机统一。

第三节 高校思想政治教育的基本原则

一、坚持以马克思主义为指导，是立党立国的根本

马克思主义是缔造中国共产党，建立社会主义制度，制定党的路线方针政策，推进改革开放的根本指导思想。在指导思想上，决不能搞多元化。

第一，马克思主义是无产阶级的科学理论。一百多年来，没有哪一种理论、学说能像马克思主义那样保持勃勃生机，对推动社会进步起到巨大的作用，带来深远的影响。尽管目前世界上出现了有很多新的变化，但历史发展的总趋势并没有越出马克思主义经典理论所揭示的基本规律。无产阶级革命斗争史和马克思主义发展史表明，马克思主义是无产阶级思想的科学理论体系。它正确地反映和体现了无产阶级和人民大众的利益、愿望和要求，正确地说明了社会发展的客观规律，指出了实现社会主义和共产主义的道路，是人类文明成果之大成。

第二，坚持把马克思主义基本原理同中国具体实际相结合。理论创新既是马克思主义的必然要求，也是社会现实的切实要求。将马克思主义基本原理同中国具体实际相结合，形成中国特色、中国风格、中国气派的中国化的马克思主义理论，是我党的伟大创造。中国共产党的历史就是一部不断推进马克思主义中国化的历史，就是一部不断推进理论创新、进行理论创造的历史。自中国共产党诞生以来，经过艰苦的探索和总结，形成了毛泽东思想、邓小平理论、"三个代表"重要思想、科学发展观、习近平新时代中国特色社会主义思想。在中国化马克思主义的指导下，中国人民走出了一条适合中国国情的社会主义道路。

第三，习近平新时代中国特色社会主义思想是马克思主义中国化的最新成果。党的十八大以来，以习近平同志为主要代表的中国共产党人顺应时代发展，从理论和实践结合上系统回答了新时代坚持和发展什么样的中国特色社会主义、怎样坚持和发展中国特色社会主义这个重大时代课题，

创立了习近平新时代中国特色社会主义思想。习近平新时代中国特色社会主义思想是当代中国马克思主义、21世纪马克思主义，是中华文化和中国精神的时代精华，实现了马克思主义中国化新的飞跃。站在"两个一百年"奋斗目标历史交汇点上，我们要坚持习近平新时代中国特色社会主义思想的指导地位，不忘初心、牢记使命，在全面建设社会主义现代化国家新征程上努力奋斗。

二、理想信念教育是高校思想政治教育的核心内容

理想，是追求真理、追求进步的巨大动力，是凝聚人心、团结奋斗的精神支柱，是战胜困难、夺取胜利的力量源泉。没有理想，就没有方向，没有灵魂。没有对理想的追求，就没有人类进步，没有社会发展。牢牢坚持以马克思列宁主义、毛泽东思想、邓小平理论、"三个代表"重要思想、科学发展观、习近平新时代中国特色社会主义思想为指导，为全面建设社会主义现代化国家的伟大事业而奋斗，是新时代高校思想政治教育的核心内容。

第一，马克思主义的理想信念是我国革命、建设和改革不断取得胜利的强大精神动力，是中国共产党的真正优势所在。我国革命、建设和改革的历史证明，中国共产党之所以能在非常困难的情况下领导人民经过奋斗，战胜千难万险取得中国革命的胜利；我们这么大一个国家之所以能团结起来、组织起来；中国共产党之所以能保持强大的凝聚力、战斗力，就是因为中国共产党有理想，有马克思主义信念，有共产主义信仰，有建设中国特色社会主义的信心，并能得到中国广大人民群众的信任。

第二，理想信念关系着中华民族凝聚力。在人的精神世界中，理想、信念处在最高的层次，是人们的精神支柱和力量源泉。中华民族有着自己的伟大民族精神。这个民族精神积千年之精华，博大精深，根深蒂固，是中华民族生命机体中不可分割的重要组成部分。中华民族在五千年的发展中，历经磨难而信念愈坚，饱尝艰辛而斗志更强，开发建设祖国的大好河山，创造了灿烂的中华文明，为人类文明进步做出了不可磨灭的贡献。在新时代知识经济的竞争中，中华民族只有弘扬民族精神，抓住机遇，不懈努力，才能立于世界民族之林。

第三，理想信念关系到我国社会主义事业的成败。改革开放和现代化建设是亿万人民群众自己的事业，人民群众的理想信念、精神状态和人心向背最终决定着建设中国特色社会主义事业的成败。建设中国特色的社会主义是一项宏伟的工程，需全党、全国各族人民长期共同努力。在前进的征途中，我们会遇到各种艰难险阻，面对复杂多变的国际局势，只有用科学的理论体系武装全党、全国人民的头脑，坚定马克思主义的信仰，坚持共产主义理想，坚定走社会主义道路的信念，才能统一全国人民的意志，增强全国人民的信心，克服前进中的困难，取得现代化建设和社会主义的胜利。世界社会主义正反经验也充分说明，理想和信念关系到社会主义事业的成败。世界上第一个社会主义国家变质，其主要原因是其领导人背弃了马克思主义信仰，放弃了社会主义道路，而中国能在世界社会主义的低潮中继续向前发展，就是坚持了马克思主义，坚定走中国特色的社会主义。

第四，强调理想信念教育是国际政治斗争的迫切需要。20世纪80年代末90年代初发生了东欧剧变、苏联解体等重大事变，国际共产主义处于低潮，而此时资本主义国家则处于相对繁荣时期。世界社会主义和资本主义较量的主要战场转移到了中国。我国与国内外各种敌对势力在渗透与反渗透、颠覆与反颠覆上的斗争是长期且复杂的。西方敌对势力妄图通过政治的、经济的、文化的多种途径和手段，攻击我国的社会主义制度，推销西方意识形态。在这一过程中，一些党员干部产生了各种疑惑，一些人"理想破灭""信念淡化"，对党的事业丧失信心，对社会主义前途产生怀疑。在这种情况下，如果不坚定共产党员的理想信念，就会使一些人自觉或不自觉地接受西方那一套东西，成为西方"和平演变"的工具。因此，正确认识资本主义的历史命运，消除模糊认识，坚定理想信念，防止信仰危机，关系到我国社会主义的前途和命运。

第五，突出理想信念教育是我国改革开放现实发展的要求。当前，我国改革已进入攻坚阶段，发展处于关键时期。随着改革的不断深化和市场经济的发展，我国经济生活和社会生活多样化，不可避免地带来新的矛盾和问题，使一些人产生种种困惑和迷茫。我们必须充分认识理想信念教育的重要性和迫切性，不断加强对党员、干部的理想教育和信念教育。

三、坚持从实际出发，先进性同广泛性相结合

坚持从实际出发，把先进性要求同广泛性要求结合起来，是思想政治工作必须坚持的重要方针，是中国共产党在思想政治工作问题上总结正反两方面经验而得出的科学结论。

（一）从实际出发，坚持先进性与广泛性相结合

坚持从实际出发，把先进性要求同广泛性要求结合起来，是党的实事求是思想路线在思想政治工作中的具体体现，反映了社会主义现代化建设的客观要求，体现了社会主义精神文明建设的内在规律。高校思想政治教育要取得成效，受到群众的欢迎，就不能脱离实际，必须从我国现在处在社会主义初级阶段这个最大实际出发，根据不同的教育对象，提出不同的要求，而决不能一刀切。人的素质是历史的产物，提高人的素质是一个长期积累的过程。在现阶段，由于人们的经济地位、所处环境、文化程度以及主观努力的程度不同，思想觉悟的高低也就不一样，对道德理想的追求也不一样，存在着先进、落后、中间状态的差别。这种状况决定了在思想政治工作的过程中不能千篇一律地用一个简单的标准来要求具有不同思想觉悟和道德水平的人。思想政治工作不坚持先进性，就有背离社会主义方向和共产主义方向的危险，就难以不断提高人们思想道德素质；思想政治工作不注意广泛性，就有可能产生脱离大多数群众、脱离实际的倾向，思想政治工作也就难以发挥应有的优势。只有把先进性的要求同广泛性的要求有机地结合起来，才能既坚持社会主义、共产主义的方向和原则，又适应社会主义初级阶段不同利益群体的思想觉悟水平。先进性就是要求共产党员和党的干部等先进分子必须遵守和履行社会主义、共产主义等先进思想道德。广泛性就是倡导广大人民群众坚持一切有利于国家统一、民族团结、经济发展、社会进步的思想道德。先进性要求只有同广泛性要求结合起来，高校思想政治教育才具有坚实的基础；同时，广泛性要求也只有同先进性要求相结合，才能有明确的方向。只有把先进性要求和广泛性要求有机结合起来，才能最大限度地调动社会各阶层建设社会主义的积极性和创造性。

（二）准确把握从实际出发，把先进性要求同广泛性要求相结合

坚持从实际出发，把先进性要求同广泛性要求结合起来是高校思想政治教育必须坚持的基本原则。习近平总书记指出，坚持一切从实际出发，是我们想问题、作决策、办事情的出发点和落脚点。① 在执行坚持从实际出发，把先进性要求同广泛性要求结合起来的原则时，应注意把握以下几点。

第一，要注意区分层次。对共产党员和非党员，对领导干部与群众，提出不同的要求，采取不同的方法，做到"对症下药"。这是中国共产党先进性的具体体现，也是中国共产党区别于其他任何政党的显著标志之一。对广大群众则应当从实际出发，针对思想认识问题，多做解疑释惑、提高认识、统一思想、凝聚人心的工作，由浅入深，循序渐进，逐步深化，使之成为适应改革开放和社会主义现代化建设的需要，有理想、有道德、有文化、有纪律的社会主义公民。

第二，要有针对性。坚持从实际出发，把先进性和广泛性的要求结合起来，就应当有的放矢。在高校思想政治教育中，要做到有针对性，是什么问题就是什么问题，有什么问题就解决什么问题，不夸大，不缩小。要切忌形式主义、做表面文章、花架子，力戒空洞无味的套话、不着边际的大话、无法实现的空话，讲究工作艺术，注意工作方法，根据不同情况区别轻重缓急，锲而不舍，持之以恒，这样高校思想政治教育才能取得实际效果。

第三，要相信和依靠群众，启发群众自我教育、自我提高。相信群众，依靠群众，启发群众进行自我教育、自我提高，这是历史唯物主义的人民群众是历史的创造者这一观点和党的群众路线在高校思想政治教育中的具体体现。高校思想政治教育的最终目的和效果是通过受教育者自身的活动和思想观念的变化来实现的。群众通过自我学习、自我反省、自我修养，达到转变思想，提高认识，这是高校思想政治教育行之有效的方法。相信和依靠群众，就是要认识到群众是人类物质和精神财富的创造者，是历史的主人，是真正的英雄，离开了人民群众，我们则将一事无成。

---

① 习近平. 努力成为可堪大用能担重任的栋梁之才［J］. 求是，2022（3）.

第四章　新时代高校思想政治教育的内容

高校思想政治教育的内容是高校思想政治教育目标的体现和具体化。它取决于社会政治、经济、文化的发展情况，反映社会的性质和指导思想。在社会主义市场经济条件下，高校思想政治教育的内容必须紧紧围绕党在现阶段的基本路线来确立。根据现实的社会存在和人们的思想道德实际，组织和实施科学的教育内容，是高校思想政治教育获得成功的必要前提。当然，在新时代，高校思想政治教育也有了新的内容。本章从传统和创新两个层面进行分析。

第一节　高校思想政治教育的传统观念

一、世界观教育

所谓世界观，即人们对整个世界总的看法和根本观点。人们在改造客观世界的实践活动中，逐步加强对客观世界的认识，并随着认识的增加、知识的积累，形成对世界总的看法，也就是形成一定的世界观。世界观形成以后，其又支配着人们的认识和行为。但是，人们在日常生活实践中自发形成的世界观往往是零乱的、不系统的、缺乏理论论证的。而且，世界观有正确与错误之分。正确的世界观可以指导人们进行正确的实践，从而对社会起促进作用；错误的世界观则会使人们进行错误的实践，从而对社会进步起阻碍作用。因此，高校思想政治教育的一个重要任务就是要以科学、系统的世界观武装人们的头脑，使其在能动地改造客观世界的过程中减少盲目性，增强自觉性。

马克思主义的世界观是无产阶级的世界观。它是总结人类已有的成果，如实反映世界的本来面目及其规律，指导人们能动地改造自然，改造社会的科学、系统的世界观。用马克思主义世界观教育广大干部和群众，是整个社会主义历史时期高校思想政治教育的基本任务。

进行世界观教育，主要是帮助人们学习和掌握马克思主义的科学理论，特别是马克思主义哲学的基本原理，从总体上回答世界是什么、怎么样和为什么等一些最普遍、最根本的问题，从理论上分清什么是唯物主义，什么是唯心主义；什么是辩证法，什么是形而上学；什么是唯物史观，什么是唯心史观。用辩证唯物主义和历史唯物主义的观点和方法去观察和处理一切问题，指导一切工作。具体来说，这包括以下两个方面的主要内容。

（一）辩证唯物主义教育

辩证唯物主义是马克思、恩格斯所创立的关于用辩证方法研究自然界、人类社会和思维发展的一般规律的科学。在社会主义市场经济条件下进行辩证唯物主义教育，要紧密地把中国特色的社会主义理论教育结合起来。[①] 坚持实事求是的思想原则和态度，就是要求我们一切从实际出发，即一切从客观存在着的事实出发，从中引出事物固有的而不是臆造的规律性，作为我们行动的向导。这是实现主观与客观相统一的根本保证。解放思想，就是要冲破落后的传统观念和主观偏见的束缚，改变因循守旧、不接受新事物的精神状态。解放思想与实事求是统一不可分的。坚持实事求是，必须解放思想；只有解放思想，才能实事求是。我们讲的解放思想，当然不是脱离实际的胡思乱想，而是在马克思主义指导下，打破习惯势力和主观偏见的束缚，研究新情况，解决新问题，说到底就是实事求是。"解放思想、实事求是"作为辩证唯物主义世界观的理论精髓，是我们进行高校思想政治教育的首要内容。

---

① 苏振芳. 高校思想政治教育学原理［M］. 厦门：厦门大学出版社，2000.

（二）历史唯物主义教育

历史唯物主义是马克思、恩格斯所创立的关于人类社会发展最一般规律的科学，是马克思主义哲学的重要组成部分。历史唯物主义认为，社会历史发展具有自身固有的客观规律；社会存在决定社会意识，社会意识又反作用于社会存在；生产力和生产关系之间的矛盾，以及经济基础和上层建筑之间的矛盾是推动社会发展的基本矛盾。历史唯物主义也叫唯物史观，是我们正确认识社会发展规律，把握党和国家的命运与前途，推进社会向前发展的武器。

在社会主义市场经济条件下进行历史唯物主义教育，必须紧紧围绕什么是社会主义、怎样建设社会主义等基本问题进行，澄清在社会主义问题上的错误观点和模糊认识，坚定建设中国特色社会主义的信念。在此，至少有三个相互联系的问题需要把握。

首先，社会主义初级阶段的基本含义是什么？中国的社会主义脱胎于半殖民地半封建社会，中国共产党领导的新民主主义革命和社会主义革命成功地使我国进入了社会主义社会。然而，我国走上社会主义道路的物质基础还相当薄弱，起点很低，加之在新中国成立后的相当一段时间内，没有正确认识中国走上社会主义道路的历史特殊性，导致生产力落后的状况没有能够得到改变，其突出表现为实现工业化的任务尚未完成，以及商品经济不发达。我国还处在社会主义的初级阶段。这个科学论断包括两层含义。第一，我国社会已经是社会主义社会。我们必须坚持而不能离开社会主义道路。第二，我国的社会主义社会还处在初级阶段。我们必须从这个实际出发，而不能超越这个阶段。这两层含义互相联系，不可分割，它们的有机统一构成了我国现阶段社会的质和量的规定性。

其次，社会主义初级阶段的主要矛盾是什么？进入新时代，我国社会主要矛盾已转化为人民日益增长的美好生活需要和不平衡不充分的发展之间的矛盾。正确认识和揭示这个矛盾，对于社会主义事业的发展至关重要。从"人民日益增长的美好生活需要"来看，它是社会主义初级阶段各种矛盾得以解决的共同要求，符合社会主义生产的根本目的。从"不平衡不充分的发展"来看，它客观、深刻地反映了社会主义初级阶段生产力发展的状况。从这一矛盾双方的相互关系和发展趋势来看，前者是社会生产的最终目的，也是人民群众的主观愿望和迫切要求。这是矛盾的主导方面，是发展生产的最能动因素。同时，还要看到，人们的需要和消费又受社会生产状况的直接制约，社会生产的发展是满足人民日益增长的物质文化需要的基础。从这个意义上说，后者又是矛盾的主要方面。它决定了解决矛盾的根本途径是大力发展社会生产力。

最后，社会主义初级阶段党的基本路线是什么？社会主义初级阶段，党的基本路线是"以经济建设为中心，坚持四项基本原则，坚持改革开放"。基本路线是党的生命线，它决定着国家的前途，民族的命运，因此必须毫不动摇地坚持。坚持党的基本路线不动摇，关键是坚持以经济建设为中心不动摇。必须把经济建设任务落到实处，其他任务也必须紧紧围绕并服从和服务于经济建设这个中心。坚持党的基本路线不动摇，必须把改革开放同四项基本原则统一起来。改革开放同四项基本原则互相依存，互相贯通。我们在指导思想上必须把两者放在同等重要的地位，不能畸轻畸重，更不能互相取代。必须把这"两个基本点"统一于建设中国特色社会主义的实践之中，坚持党的基本路线不动摇。此外，还必须巩固和发展团结稳定的政治局面，为各项工作的顺利进行和整个社会的全面进步准备前提条件。进行历史唯物主义教育是为了让人们在科学历史观指导下正确认识社会自身发展的规律，正确看待和评价历史和现实问题，坚定共产主义信念。

二、人生观教育

所谓人生观，即人们对人生基本问题的根本观点，是人们对人生意义、人生目的和人生价值的理解和看法。人作为有理性的社会动物，在社会生活中都会有自己对人生的体验和认识，都会对自身境遇和命运进行思考，并在这些体验、认识和思考的基础上形成对生活的根本看法和总的观点。

人生观与世界观有着密不可分的关系。世界观是对自然、社会和人类思维三大领域的总体认识和总体把握，因而势必将人生包含在内，世界观必然内在地包含人生观。世界观决定人生观，人生观是世界观在人生问题上的表现；同时，人生观与世界观的关系也不是完全消极被动的，人生观给世界观以直接的影响。正像人们在生活实践中自发形成的世界观往往是零乱的、不系统的和存在着正确与错误之分一样，人们在生活实践中自发形成的人生观也往往是零乱的、不系统的、缺乏科学的论证。同时，由于人生观是人们所处的一定历史条件和社会关系的产物，是人们的社会生活的反映，所以不同的社会生活实践会使人们产生不同的现实人生观。这些现实人生观有的积极进取，有的消极颓废；有的科学成熟，有的荒谬幼稚。这就需要我们加强人生观教育，帮助人们分辨真伪，引导人们走上正确的人生之路。

在新时代，改革开放和社会主义市场经济的现实进程更显示了人生观教育的重要性与紧迫性。改革开放以来，随着商品经济的迅速发展，社会发生了巨大变迁。这种变迁不仅表现在社会经济、政治、文化生活上，而且反映在人们的思想观念、精神状态、道德情操中。人生观作为人们对急剧变迁的社会生活的反映，充满着新与旧、现代与传统、主流和支流、正确与错误的碰撞和矛盾。许多人，尤其是年轻人出于对国家、对社会的一种历史责任感，他们积极探索人生，追求人生目标和意义，对人生问题表现出极大的热情和关注。但是，他们中的一些人由于涉世不深，对复杂的社会生活缺乏必要的亲身体验和足够的心理准备，因而在对人生的思索和追求中表现出幼稚、消极，甚至错误的倾向。这主要表现在：（1）理想的淡漠。一些人缺乏对崇高人生目的的追求，缺乏为实现崇高理想而吃苦耐劳、自我牺牲的精神，对社会主义的前途、命运缺乏坚定的信念。他们认为，理想是空洞的，只有自我的生命才真实。因此，"跟着感觉走"就行了，只要生活得好，管它什么主义。（2）崇尚"合理利己主义"。一些人认为，只要不害别人，一事当前为自己打算是对的。还有一些人主张极端个人主义，一切以"自我"为中心，把个人利益凌驾于国家社会利益之上，只愿享受社会赋予的权利，不愿承担对社会应尽的义务。（3）注重物质享受。在一些人看来，在商品经济下，"没钱不能办事"，"前途前途，有钱就图"，认为人生在世应该及时行乐。

可以看出，当前急剧变化的生活既刺激了人们探求人生的热情，但在科学人生观与消极颓废人生观之间，人们也产生了某些困惑和迷茫。因而，人生观教育是当前高校思想政治教育中的一项十分重要的任务。

现阶段，进行人生观教育应主抓以下几个方面的关系。

（一）个人与社会的关系

人类生存的本性是社会生存。孤立的个人在现实中是根本不存在的。同样，脱离个人的社会也不可想象。一方面，个人与社会不可分割，个人是社会中的一分子；另一方面，社会整体也在某种程度上依赖每个人，因为每个人都会给社会生活贡献不可替代的作用。个人与社会息息相关，相互影响、相互制约，成为社会生活的基本关系。个人与社会的关系首先且根本地表现为人与人的关系，其次表现为个人与社会制度的关系，个人与社会生产方式、生活方式的关系，以及个人与社会心理、社会意识形态的关系。个人与社会的关系作为人生的基本关系，揭示了个人与社会相互依存、相互制约、对立统一的特点。从这个角度，我们也可把个人与社会的矛盾看作是人生的基本矛盾。怎样才能正确处理个人与社会的矛盾呢？在此，必须理解这样一些问题：

1. 个人生命的有限性与人类社会的无限性

个人生命的有限性主要表现为个体生命的潜能与活动是有限的；人类社会的无限性主要体现在人类对自身不断否定、不断超越之中。相对于人类社会来说，个人只是沧海一粟，历史一瞬。人类社会作为个体生命及其活动的总载体，既为每个个人的存在提供可能，又在对个人时间、空间，以及认识和实践的超越中延续历史，拓展未来。人类社会对个体的超越性使其获得了发展的无限性。

2. 个体活动的选择性与社会发展的规律性

人是有着自觉能动性的主体，这种自觉能动性的显著表现就是人在活动中具有选择性。人生充满各种选择。个体活动的选择性充分体现了人的"自由"。但是，个体活动的选择性并不意味着个体活动的任意性，选择的自主性并不意味着选择的无条件性。相反，社会历史条件客观上已经规定了人们所能从事的选择活动的范围，社会发展的规律性制约着人们选择的自由度。首先，个人生活在社会中，其选择不能不受社会关系的影响和制约。其次，个人选择的结果或是成功或是失败，或是幸福或是不幸，取决于其选择是否符合社会的客观规律。

3. 个体活动的随意性与社会生活的规范性

个体活动具有一定的随意性。这一方面是由于每个人都具有独特的个性，独特的需要和利益，特别是在缺乏理性指导的条件下，个人的活动常具有冲动性。另一方面是由于每一个人所处的外部环境与内部心境是在不断变化的。假如社会上每个人各行其是，我行我素，那将是不堪设想的混乱局面。于是，社会规范就成了个体活动随意性的约束力。社会规范是维持社会生活正常秩序的必要保障。它主要有道德和法律两种基本形式。从形式上看，社会规范起着约束个人活动的作用，但这种必要的约束恰恰是个人活动得以开展的基本条件。

4. 个人需要的多样性与社会实现的条件性

作为活生生的社会实体，人人都有需要和利益。不仅不同时代、不同阶级和阶层、不同个体的利益要求不同，就是同一时代、同一阶级和阶层、同一个体在同一时期，其需要和利益也是多种多样。如果说个人从各自的存在条件出发，其需要、利益都有存在的理由的话，那么，个人的需要和利益能否实现，或者在多大程度上实现，则取决于社会的条件性。这种社会的条件性主要包括社会生产力水平和一定的社会生产关系性质。个人需要的多样性与社会实现的条件性的矛盾促进了社会的发展和个人的丰富。

（二）贡献与索取的关系

贡献与索取是人生过程中的一对矛盾。它们互为前提，互为条件。所谓贡献，是个人为社会创造物质财富和精神财富；所谓索取，是个人从社会取得物质财富和精神财富。一方面，索取是人们一切社会活动的基础。因为生命要得以维持和延续，就要进行自我更新的新陈代谢，解决吃、穿、住的物质需要和精神生活需要，维持生命的正常运动。这是生命活动的内在要求，在一定意义上就是个人向社会的索取。另一方面，贡献是由人的社会本质决定的。人生活在一定的社会关系中，作为社会的一员，只有和他人、和社会结成一定的关系，才能生存和发展。这就表明，个人除了向社会索取，是社会财富的消费者外，还是社会财富的创造者，个人必须对社会做出一定贡献，只有这样才能以自身的活动创造出生存的意义和价值。

在社会主义初级阶段的人生实践中，怎样正确处理好贡献与索取的关系呢？首先，必须用对立统一的规律来把握两者的关系。这就是说，既要讲贡献，又不能忽视索取。科学人生观要求人们把追求社会进步、满足人民的需要当作崇高的人生目的，把个人利益融于祖国、人民、集体利益之中，通过争取实现祖国、人民、集体的利益来体现个人对社会的贡献，社会给予个人利益以最大和合理的满足。

个人在贡献中满足和充实自身，社会在人们的贡献中最大限度地满足人民群众物质文化生活的需要。此外，应当把人生价值的侧重点放在贡献上。科学人生观认为，个人人生价值大小的衡量标准首先在于对社会的贡献大小，在于其创造活动能否得到社会的承认和尊重。只要尽力为社会进步做贡献，人生才有价值和意义。

（三）理想与现实的关系

理想与现实是人生道路上展示的一对矛盾，二者是对立统一的。一方面，现实是理想的基础和摇篮。理想作为社会成员对自身生活的认识和要求，源于社会成员的生活现实。离开了现实，理想就成了无源之水、无本之木。而作为人们对实践活动的选择和对美好未来的想象与追求，其实质是对现实的一种反映。现实是人们生活在其中的客观世界，也是人们从事物质活动和精神活动的客观条件。需要指出的是，现实并不是直接看得见、摸得着的现象，现实的东西比现象更深刻，在现实中包含着事物的本质和实际存在，是本质与实际存在的统一，因此在现实中包含着理想性和实现理想的根据。另一方面，理想源于现实，又高于现实，是客观现实的升华。从理想的本质属性看，理想具备科学性、实践性，因此它总是呈一种动态趋势，不是安于尽善尽美地反映现实，而是不断地认识现实、揭示现实。理想对现实的反映不只是停留在事物的现存状态，而是反映了现实事物的发展趋势，反映了它的未来。这种源于现实、在现实中形成的理想，对改变现实起着巨大的指导作用。

理想与现实的矛盾是人生道路上不可避免的。现阶段，这个矛盾主要反映为共产主义理想与社会主义现实的矛盾。我们既不能忽视这个矛盾，把社会现实理想化，盲目乐观，从而削弱我们为崇高理想而不懈奋斗的坚强意志；又不能片面夸大这个矛盾，看不到它们之间的内在统一性，产生对共产主义理想的"渺茫论""怀疑论"，从而在社会生活中不思进取，消极颓废。

要科学地解决理想与现实的矛盾，需要找到解决矛盾的途径和方法。第一，既要坚信理想，又要正视现实。如果我们选择和确定了科学理想，就要坚定不移地追求，不管遇到什么艰难险阻，都保持信念，从理想中吸取克服现实困难的精神力量。第二，立足实践，多干实事。理想源于现实，但不等于今天的现实。它只是具备变成明天现实的可能性。要把可能性变成现实性，必须通过实践，没有实践，理想只能是空想。唯有实践是解决理想与现实矛盾的根本途径。第三，艰苦磨砺，不懈奋斗。艰苦奋斗是攀登高峰的云梯，也是打开成功之门的钥匙。由于理想与现实、主观与客观并不是一致的，因而在通向理想的道路上，不可避免地要遇到意想不到的艰难困苦，经历各种曲折复杂的斗争，只有意志坚定者不懈奋斗，才能达到理想的彼岸。

三、价值观教育

在一个社会里，人们树立或坚持什么样的价值观，关系到社会的进步与否。在社会主义市场经济条件下，我国的意识形态领域究竟应当以什么样的价值观为指导，这是一个极其严肃而又十分重要的问题。当前，进行价值观教育必须抓好以下几个方面。

（一）义利观教育

所谓义利观，是人们对义与利及二者关系的基本观点和看法。传统义利观把人们正当的物质利益当作一种丑恶的东西加以贬斥，把义与利绝对对立起来，抹杀人们的物质利益和需要，其结果必然会泯灭人们的主动精神，成为阻碍社会发展的内在因素。在社会主义初级阶段，究竟如何认识和把握义利关系,建立一个科学的社会主义义利观呢?

首先,必须对社会主义的"义"与"利"的具体内容做一个新的定义。在社会主义条件下,"义"就是指社会主义根本制度和与此相联系的路线、方针、政策,以及各种道德、法律规范、规章制度等。人们总是希望自己的物质利益能通过自己的实践活动,加以维护和使之发生合乎愿望的改变。在社会主义初级阶段,人们追求物质利益的行为首先表现为一种自利行为。

其次,必须正确把握义与利的关系。辩证唯物主义认为,利益是道德的基础,人们的利他行为是人的社会本质的反映。作为个体,社会的每个成员追求应得的物质利益的自利行为是正常的、合理的、道德的。我们提倡"义利并重"的义利观,即应高度重视社会的整体利益和人们的精神生活,同时又要重视个人利益、个人的物质生活状况。而在一定条件下,当个人利益与社会整体利益发生矛盾时,个人就应当自觉地放弃个人利益,甚至牺牲个人利益来维护社会和他人的利益。

(二) 荣辱观教育

所谓荣辱观,是人们对于荣誉和耻辱及其相互关系的基本观点和看法。荣誉是人们对道德行为的社会价值做出的客观评价和个人对自我行为价值的主观意向。人生活在社会中,其自身有无价值或价值多大,需要社会加以评判;或者,个人依据一定的社会和阶级的道德标准进行自我评判。荣誉和耻辱作为对人们行为的道德价值的肯定和否定的评判,对于社会生活中的人而言,有着十分重要的意义。然而,何为荣?何为辱?不同时代、不同阶级、不同利益阶层,甚至不同文化水准的人,其标准各异。在阶级社会里,有的以等级的高低、特权的有无作为荣辱的标准;有的以金钱的多寡为标准。无产阶级在马克思主义世界观指导下,批判地继承了历史上各种进步荣辱观,在新的历史条件下形成了崭新的荣辱观。无产阶级荣辱观的基本特征是以集体主义为基础。无产阶级从自己的历史使命出发,从只有解放全人类才能最后解放自己的伟大胸怀出发,必然把一切有益于集体、有益于社会、有益于人类的行为视为最高的美德,从而给予热情的赞扬和肯定;而对于那些背离集体利益、损害人类进步事业的种种行为表示鄙视和反对。在社会主义条件下，评判人们荣辱的尺度，不是看他的地位高低、职位大小、金钱多少，而是看他能否或在多大程度上为社会主义事业做出贡献。

（三）苦乐观教育

所谓苦乐观，是人们对苦与乐以及二者相互关系的基本观点和看法。苦与乐，作为一种主体感受，表达的是人们对自己在社会生活中物质和精神方面的需要是否得以满足而产生的心理体验。一般来说，社会生活中的每一个人对于物质生活和精神生活总是有着一定的理想和追求。当人们为着某种理想而奋斗，或把理想变成现实时，就会产生精神上的满足感，感到快乐；反之，在出现挫折时就会感到不幸和痛苦。然而，何为苦，何为乐？对它的回答是具体的、历史的。不同时代、不同阶级、不同社会集团的人们依据自己的利益需要，有着不同的理想和追求，因而，他们对苦与乐的理解也就不同。当今，社会主义现代化建设的历史进程仍然需要这种革命的苦乐观。我国进行现代化建设的底子薄、基础差，这就需要我们长期发扬艰苦奋斗的精神。当前，特别要教育我们的党员干部和青年，自觉抵制资产阶级享乐主义的价值观，树立远大理想，陶冶情操，提高思想境界，在社会主义现代化事业中勇于吃苦，乐于吃苦，在为伟大理想而奋斗的过程中分享一份快乐。

（四）生死观教育

所谓生死观，是人们对生与死的基本态度以及人活着的意义的看法。人类作为生物体，遵循着从生到死这一自然规律。然而，不同的人有着不同的生死观，乃至对自己的人生有着不同的态度。

享乐主义主张"人生在世，吃穿二字"，"今朝有酒今朝醉""及时行乐"是人生要义。悲观厌世主义者则把人生看作是一片苦海，只有死亡才是摆脱痛苦和无聊的唯一办法。实用主义者对人生则采取机会主义的态度，主张注重效用，讲究实惠，信奉"有用即真理"。马克思主义从唯物史观的高度说明了生活的意义不仅在于对丰富的物质和精神生活的享受，更重要的是通过劳动对生活的创造。由于人的社会性本质，个体生命活动与社会生活是有机联系在一起的,因而,以满足集体的、人民的利益为人生最大的乐趣和幸福,这是马克思主义对待人生的态度。

在彻底的唯物主义者看来,生与死是对立统一的。当人们能够明白人生的真正价值时,也就能够正确地对待死亡。自古人生谁无死,但有的人为国家、为人民的利益而死,虽死犹生;而有的人为个人私利苟且偷生,虽生犹死。

当前,我们处在社会主义建设的和平发展时期,革命战争年代那种抛头颅、洒热血的死亡危险已不复存在。在新的历史时期,我们所要树立的生死观主要是明确人活着的意义和价值,对人生有一个正确的态度。对于共产党员和领导干部而言,这个问题就更显得重要了。在新的历史时期,凡是对于社会主义事业和广大人民群众有利的,我们就应当看作是最有价值的,最值得我们为之献身和奋斗的。反之,一切不利于社会主义事业和人民利益的,我们就应当旗帜鲜明地加以反对。

四、道德观教育

道德观是一定社会条件下人们关于道德问题的基本认识和观点。道德作为一种社会意识形态,是一定历史条件的产物,是一定社会存在的反映。作为人们共同生活行为准则和规范总和的道德一旦形成,便会对社会生活产生重大的影响,对经济的发展和政权的巩固具有巨大的作用。

(一)道德品质

道德品质与道德是密切相关而又有区别的两个概念。道德是一种社会现象,属于社会意识形态范畴,是一定社会中调节人与人之间关系的行为准则和行为规范。假如这世界上只有你一个人,也就无所谓道德不道德。你可以夜半弹琴,可以随地吐痰,可以横冲直撞,只要你愿意。但是,有了人类社会,有了人与人的相互关系,个人的言行就必须遵守一定的规则,以减少彼此的冲突与伤害。你必须保持安静,以免打扰他人的休息;你痰吐,以免影响他人的健康;你必须遵守交通规则,以免妨害他人的安全。你遵守这些规则,与人方便;你维护这些规则,与己方便。同样,依靠这些规则,你的休息才不受打扰,健康才不受损害,安全才有了保证。

遵守这些规范会受到舆论的赞许或感到心安理得，否则会受到舆论的谴责或感到内疚。这些由社会舆论力量与内心驱使来支持的行为规范的总和便是道德。人们以此来辨别行为的是非、善恶、美丑，指导和调节行为。社会上占统治地位的道德总是统治阶级的道德，它作为社会意识形态，为现存的经济基础服务。同时，道德现象又体现在各种社会关系之中，因此，道德又具有社会共同性。例如，要求社会各成员必须遵循的共同生活准则，包括尊老爱幼、诚实信用、讲究卫生、文明礼貌等。

道德品质简称为品德，是道德在个体身上的体现。一个人按照社会规定的道德准则行动时所表现出来的稳定特性或倾向，便是其道德品质。比如，勤奋学习、勇于探索、助人为乐、热爱祖国，都是当代大学生所应具备的品德。品德是一种心理现象，是个性心理的重要方面。因为它既包含一定的个体意识倾向性，又包含一定的个性心理特征；它既通过心理过程形成，又在心理过程中表现出来。因此，品德是一种特殊的个性心理。品德不是天生的，是个人在社会生活中接受社会现成的道德规范的结果，是社会道德在个人心中的内化与折射，是道德信念通过言行表现出来的稳固的心理特征。品德来自道德，评价一个人品德水平的高低要依赖于他所在社会的道德要求。品德又是一种个性，是一个人区别于他人的独特之处。一个人在日常生活中的一言一行都是在展示着他的操行。历史上有很多人对他们所处的时代产生过深远的影响，但有人流芳百世，有人却遗臭万年，而品德的优劣是他们是非成败的关键。为社会造福的人是有德的人，他们名垂青史；给他人带来灾难的人是无德的人，他们遭到后人的唾骂。

随着社会的不断发展，道德的内容也在发生着改变。不同的社会有着不同的标准。从春秋时期到近代，我国一直以仁义治国，认为一个品德高尚的人对国家和君主要忠，对父母和长辈要孝，对人民和社会要仁，对朋友和他人要义；"忠孝仁义"就成了衡量一个人品德高低的标准。中华人民共和国成立后，曾把我国国民的公德概括为"五爱"：爱祖国、爱人民、爱劳动、爱科学、爱护公共财物。多年来，"五爱"成为我们进行思想品德教育的主要内容。无论内容怎样变化，品德的基本原则都是一致的，那就是使人处理好与社会、他人、自己的关系，更好地适应社会生活。

(二) 道德观的内容

1. 道德认知

道德认知是指对道德规范及其意义的认识,是人们对是非、善恶、荣辱的认识、判断和评价。道德认知是品德形成的前提和基础。知道什么是符合道德的行为,做了是有德,不做是缺德。道德认知的对象是人与自身的关系;人与人、人与社会的关系;人与自然的关系。这主要表现在以下几个方面。

第一,在社会生活中,个人要完善自我,必须首先认识自己,只有认识了自己的价值和特点,才能发挥长处,弥补短处,才能开始约束自己或将社会的要求内化为自己的标准,提高自己的道德境界。

第二,个人要完善别人,必须认识别人,认识别人的要求和行为规律,认识别人的利益所在,这样才能向他人提出要求,才能在处理个人与他人的关系时以有利于人的完善为标准,促进他人全面发展。

第三,个人要完善社会,必须全面了解和认识社会,认识社会关系的复杂构成,认识社会发展的客观规律,并认识由这一规律所决定的道德原则及其道德规范,从盲目走向自觉,从必然走向自由。

大学生只有深刻地认识自我、他人和社会,才能相应地选择正确的方向。道德认知的过程是一个复杂的心理活动过程,是个体对价值进行的取舍活动。当一个人和社会发生交互作用时,会产生心理过程,形成道德感知,进而进行道德判断,最后形成道德认知。

2. 道德情感

道德情感是与道德要求相联系的内心体验。当人们的行为和观念符合社会准则时,心理上就会产生愉悦的满足感;反之,就会产生内疚和悔恨的情感。道德情感是促使人们改正不道德行为而做出道德行为的催化剂。道德情感一经形成,即成为一种强大的内在力量,影响着人们对道德行为的选择。道德情感的活动形式具有多样性,但总体来看,可以归结为两类:一是指向他人或社会的道德情感活动,如同情、尊重等;二是指向自身的道德情感活动,如羞耻、自尊等。

（1）同情。同情是大学生个体心理机制之一，是人从同情心出发而帮助他人的情感倾向和活动。同情作为一种情感活动，是借助"感情共鸣"进行的，是以联想的方式进行的。由于联想，人们在面对别人表现出来的情感状态时，会根据自己以往的经验推想出他人是苦还是乐，并在自己心中产生相应的感受。由他人联想到自己，由自己推想到别人。同情有两种表现形式：一是对不幸者、受难者、弱者的怜悯；二是对他们的关心、爱护和帮助，对造成他们不幸的原因产生强烈愤慨。同情是一种纯洁的感情，是一种利他的道德情感活动。同情这种道德情感在大学生身上具有普遍体现，但由于每个人的性格不一样，所以在同情对象以及程度等方面会存在不同。

（2）尊重和自尊。尊重和自尊是同一种情感的两个方面，尊重指向他人，自尊指向自我。通过尊重，人形成了自己的责任感，承担起做人的义务，也获得了自己的价值。尊重是一种内在的理性情感，是使自己的意志服从规律的情感。尊重道德规律可以使人形成责任感，而责任感又要求人们对自己的活动负责，也就是要自尊。个体通过自尊往往又形成了道德荣誉感，自尊和荣誉感使人自强自立，既期望外在的好名声，又追求内心的自我欣慰。自尊和荣誉感是推动个人道德完善的道德情感活动。大学生因自我意识的高度发展，往往具有强烈的自尊，并有很高的荣誉感，相对而言，责任感较为薄弱。

（3）羞耻。羞耻常常是在检查个人的行为、衡量个人的价值、判断自己的人格时，对那些达不到一定要求的行为，以惭愧、懊悔等方式表现出来的无地自容的感情。人在知耻的过程中，反省自己，改过自新，完善自己的人格。羞耻常常在个体内心掀起风暴，激发个人同自己的不良行为作斗争。羞耻是个体道德情感活动的重要方式之一，对于人的品德完善具有重要意义。但过分的羞耻也会带来反作用，现代心理学理论不止一次证实，过分的羞耻是人格不健全的表现，它常常会使人沉溺于自责而不能自拔，最终导致心理障碍和精神性疾病。在大学生群体中，羞耻感是一种具有普遍意义的道德情感，但由于大学生个体的价值观念层次不一，羞耻感在各人身上反映出的水平也各异。

3. 道德意志

道德意志是指克服困难来达到一定的道德目的的活动。道德有时意味着为遵守规则而克制自己，为了集体的利益而牺牲个人，没有一定的道德意志是无法做到的。道德意志是道德认知转化为道德行为的关键环节，是调节行为的真正力量。只有当个体内心形成一种较为稳定的道德意志之后，人才能够不以外部环境的影响为转移，而以内心的道德意志来调节与控制自己的行为。道德意志能够调节人的行为。很多学生由于意志水平低，无法调节自己的行为与观念保持一致，往往是说到做不到，言行不一。具有坚定道德意志的人可以面对冷峻的现实，不畏不惧，投身生活的长河，不随波逐流，抵御住现实生活中的各种诱惑，用理智战胜欲望，坚持道德的行为，将自己的道德认知与道德行为付诸实现。而道德意志薄弱的人则习惯于将自己的活动交给他人、社会和权威者安排，按照外界的意志去行动，既不承担风险与责任，也可免除决定的烦恼与忧愁。

4. 道德信念

道德信念是个体对世界、对社会、对人生、对某种道德规律的某种坚定、执着的理解和信仰，是激励人们按照这一理解和信仰行为处事的高级动机。道德信念是内化的道德标准，它告诉人们应该做什么、不应该做什么，激励行为者按照自己的规定选择行为。道德信念一经确立，便会以明确的目标，规范人们的行为。道德信念是个体认识事物的出发点，是个体判断是非的准则，也是激励人们活动的精神源泉。道德信念是一种发自内心的、主动要求得到维护和实现的道德需要。具有坚定道德信念的人往往能不惜一切代价地履行自己的道德义务。在品德心理构成中，道德信念居于主导和核心的地位，常常对品德的其他心理成分起支配和调节作用。

5. 道德行为

道德行为是人在道德意识支配下所采取的行动。一个人的道德面貌是通过道德行为来表现的。高尚的品德不是说出来的，而是做出来的，而且要形成行为习惯。一个真正有德的人在日常生活中无时无刻不在展现着他的德行。

在道德行为的完成过程中，还包括目的与手段两个因素。其中，目的是个体为行为确定并力求达到的目标，手段是个体为达到目的而采取的方法、方式、途径。目的决定和规定手段，有什么样的目的，就会有什么样的手段；目的的性质往往决定着手段的性质，高尚的目的必由高尚的手段来实现，而卑劣的目的也常常配之以卑劣的手段。目的决定手段，但目的不能证明手段，不能因为目的正当，就可以不择手段，目的决定手段也有一定的限制和条件。

（三）大学生道德观形成的意义

1. 道德品质修养是社会生存发展的需要

道德是人类社会的独有现象，正是依赖着道德准则和规范，几十亿人才能共存于一个星球，人类文明才能加速发展。大学生是未来社会的栋梁，他们的道德修养水平预示着未来社会的荣辱兴衰。无数个人构成了社会，无数个人的道德品质构成了社会的道德。尤其是当大学生成为这个社会的中坚力量的时候，他们的道德水准足以影响一个时代。为国、为民、为未来，都应该注重个人的道德品质的修养。

2. 道德品质修养是与他人交往的需要

人生于世，离不开他人。在如此人口密集的社会，一个人的一言一行都可能影响他人的生活，引发他人的评论。而他人的评论反过来又会对人产生影响，小则关系到生活的质量，大则关系到人生的成败。

3. 道德品质修养是个人成长的需要

在这个社会上，也许我们并不能为别人做些什么，我们只是在自我成长。帮别人一次，也许并不能使别人从此万事如意，但却在你自己的心灵上留下了光辉的一笔。也许只有一个人在走过漫漫人生之旅的时候才会真正地体味到，一个人可以不聪明，可以不美丽，可以没金钱，可以没权力，但唯一不可缺的是品德。

五、幸福观教育

（一）幸福观教育的意义

幸福观教育是一个人成长、发展与人生幸福的需要，是帮助人们认知幸福、体验幸福的重要基石。一般而言，大学生的幸福观是受生活经验和客观环境影响而逐渐形成的，是经验形式的，但未经深思的幸福观往往是欠科学的，有时甚至是错误的。理论与现实均能证明，大学生科学的幸福观的生成需要教育和引导，而教育是大学生幸福观形成与发展的动力源泉。因此，大学生幸福观教育非常必要。

幸福观是大学生对自我生命状态的一种价值判断，是大学生人生观和价值观的重要内容，是大学生人生观和价值观在幸福领域里的体现。

首先，加强幸福观教育，激发大学生树立崇高的人生目标，为大学生获得幸福提供正确的方向和指南。人的需求千差万别，所以人生目的多种多样，有的高尚、伟大，有的平凡、庸碌，甚至卑鄙、罪恶。从哲学角度讲，人为什么而活着，这是人们自觉意识到的人生终极目标。这个目标的作用有两个方面。一是规定了人生活动的方向，对人们从事的实践活动具有定向作用。正确的人生目标会使人的行为符合事物发展方向，从而促进人的发展和社会的进步；反之，则阻碍个体自身的发展和社会的进步。二是为人提供了行为的动力，人们为了实现这个目标，往往会做出不懈的努力。古今中外许多走过辉煌人生的人都是在青年时期就树立了正确的人生目标，并以此为动力来实现自己的愿望，比如马克思"为人类福利而劳动"，毛泽东"以天下为己任"，周恩来"为中华之崛起而读书"，正是在崇高的人生目标指引下，他们才成为令人敬仰的伟人。这些人的人生目标体现着他们的幸福观：他们追求的不是"小我"幸福，而是天下百姓和人类的"大我"幸福，或者说，他们把小我与大我的幸福紧密统一起来。这种幸福观是高尚的幸福观、科学的幸福观。而拜金主义、享乐主义、个人主义等各种错误的人生目标往往会使人变为金钱的奴隶、纵情纵欲、崇尚个人至上。这些人生目标尽管在形式上大有不同，但有着共同的特质：其一，它们都反映了狭隘的阶级利益，不具备先进阶级的胸怀和远大志向，更不可能代表广大人民的利益；其二，它们都割裂了个人与社会、个人与他人的关系，把人生幸福建立在一己私利和私欲上；其三，它们都夸大了人的某一方面利益的需求，忽略了人的全面发展，注重低层次感官享受，忽略高层次的幸福追求。[①]

其次，加强幸福观教育，帮助大学生构建科学的价值偏好，能够提高

---

① 苏霍姆林斯基. 给教师的建议 [M]. 杜殿坤，译. 北京：教育科学出版社，2001.

大学生获得幸福的优良品质。每个人都有自己的偏好，大而言之，即我们所说的价值准则或价值取向；小而言之，即我们所说的兴趣、爱好。哲学意义上的"价值"是指客体（事物或人）满足主体（个人主体或集体主体）需要的关系，体现着主体基于自身的需求、偏好与理想而对客体某种特性的肯定、接纳或欣赏。从某种意义来讲，每个人的生活之所以不同，正因其偏好不同、价值观不同、幸福观不同造成的。人们所热衷的生活往往是满足自己的偏好，实现自身的最大效用和价值，从而获得幸福。比如，孔子、孟子把"义"作为自己的最大效用（幸福）。孔子倡导"义以为质"，把"义"看作人之为人的本质特征，孟子主张"舍身而取义"，把"义"置于生命之上。文天祥、于谦分别做出"人生自古谁无死，留取丹心照汗青"和"粉身碎骨全不怕，要留清白在人间"的价值选择，认为气节的价值高于生命。总之，这些人是在用生命守护正义，以死亡见证真理，是把自己的价值取向和幸福追求定位在崇高的人生境界，是勇于担当、敢于奉献的楷模。当然，平凡人也有平凡人的价值判断和幸福选择：有人以心无旁骛地读书为幸福，有人以"采菊东篱下，悠然见南山"的田园生活为幸福，有人以无私助人为幸福，有人以教书育人为幸福，有人以救死扶伤为幸福，有人以尽孝为幸福……幸福是个体的人生体验，其价值偏好理应得到他人和社会的尊重，但是社会的良性发展以及个人幸福的实现均建立在科学的价值偏好基础之上，所以大学生幸福观教育不是简单地给予学生幸福，而是引导大学生确立科学的价值偏好，使其懂得幸福的真意在于劳动、创造和奉献；懂得幸福是人的权利，但这种权利的享受必须以"利己"但不能"害他"为道德底线，以"利己"且"利他"为最低目标，以"舍己"而"利他"为最高境界；懂得每个人都能获得幸福，但幸福有层次高低之分，作为大学生应该将物质幸福与精神幸福、个人幸福与社会幸福有机统一起来。当代大学生的自我意识越来越强，非常关注自我利益和个人幸福。我们认为，只要大学生关注自我利益和个人幸福是建立在无害于他人和社会的前提下，就无可厚非。但是，从人的幸福层次来看，关注自我利益和个人幸福毕竟不是人生的最高境界，幸福的最高境界是对社会和人类的无私奉献。

（二）大学生幸福观教育的思想方法

大学生幸福观教育方法也可分为思想方法和工作方法两种类型。大学生幸福观教育的思想方法是指教育者在认识大学生幸福观教育时的基本立场和观点，是教育者的世界观、价值观和思维方式的体现。主要包括三方面的内容。

1. 强调教育针对性

大学生幸福观教育的目的是解决大学生幸福观问题，而大学生幸福观具有个体性、多样性、时代性等特征，故在大学生进行幸福观教育时，要充分尊重大学生幸福观的特性，有针对性地开展教育工作。大学生幸福观教育方法的针对性是大学生幸福观教育目的性的必然要求，是一种科学的治学态度和教育方法，主要表现为三个方面。

（1）针对大学生幸福观特点"对症下药"。理论研究和客观现实均表明，大学生的幸福观从总体上看是积极健康的，但是部分大学生的幸福观尚存在一些问题，不同学校、性别、年级、学科以及不同生活水平的大学生的幸福观存在一定差异。因此，教育者要有针对性地在理论上阐明道理，在实践上明晰利害，帮助大学生明确科学的幸福观的特征和对于人生的意义。有部分大学生把幸福定位于个人利益的实现，对于他人和社会的关注程度相对较轻，即使是对于个人幸福的重视，也主要侧重健康的层面，而忽视了良好品格对于个人的重要价值。因此，教育者要针对这些问题，引导大学生将追求自我利益与谋求社会利益有机结合起来，尤其不能将个人利益的获得建立在践踏他人或社会利益的基础之上。所以，大学生幸福观教育必须对大学生幸福观的"症"来开"药方"，这样才能真正取得实效。

（2）针对大学生的个性特点"因材施教"。所谓"因材施教"，是指根据学习者的个性、兴趣和能力等特征采取不同的教育方法。孔子是把"因材施教"方法运用于教学过程的教育家。在教育实践中，孔子非常注意根据每个人的特点进行个性化的教育，正因如此，朱熹在《论语集注》中说："夫子教人，各因其材"。著名教育家陶行知先生指出，培养教育人和种花木一样，首先要认识花木的特点，区别不同情况给以施肥、浇水和培养教育，这叫"因材施教"。"因材施教"作为我国教育史上的优秀遗产，理应成为大学生幸福观教育必须遵循的方法。要想在大学生幸福观教育中做到"因材施教"，就必须对"材"进行全面、细致的了解，如在充分了解学生性格、家庭背景、思维特点、人生需求等的基础上采取不同的教育方法。首先，要育其所长。每个学生的幸福观都有闪光之处，教育者应该努力发现、挖掘学生幸福观的闪光因素，并给予大力支持和积极鼓励。其次，要补其所短。每个学生都会有这样或那样的不足，因此，教育者要准确把握学生幸福观的消极因素，并给予适当引导。最后，要尊重个性。大学生的幸福观也表现为丰富多彩的个性特点，因此教育者要高度尊重学生合理的价值取向，允许学生追求合理的幸福目标。

（3）针对大学生所处环境"与时俱进"。方法是人类思维活动的产物，和人的思维方式联系在一起，以特定思维结构和思维方式为基础，随人的思维方式的变化而变化，从而保持其既相对稳定又不断发展的知识体系。人们在认识活动、实践活动中积累的方法经验一旦上升为思维方式，就变成了可以传承的科学方法。方法的这一特点就是方法的创新性表现。大学生的幸福观是大学生的思维方式在幸福问题方面的特定表现，由于人的思维方式各有不同，因此人的幸福观千差万别。由于人的思维方式与时代变迁相关，故人的幸福观也会发生相应变化。可见，为了增强大学生幸福观教育的针对性和实效性，教育者要与时俱进，不断创新教育方法，这样才能取得事半功倍的效果。倘若"刻舟求剑"般地沿用过时的教育方法，就会延误最佳教育时机，无法实现理想的教育目标。比如，灌输教育在传统教育中曾发挥过一定的积极作用，但在现代社会里，这种教育方式的局限性越来越突出，不符合现代社会对于培养创新型人才的需要。因此，教育者要通过创新教育的方法来提高大学生幸福观教育的实效，让大学生幸福观教育充分体现尊重生命，提升生命质量，为大学生获得人生幸福奠基的价值追求。

2. 坚持教育科学性

科学性是大学生幸福观教育生命力的重要保证，也是大学生幸福观教育的本质要求。① 大学生幸福观教育方法的科学性主要包括两个方面。

（1）依据科学的理论开展工作。科学理论是人脑对客观事物及其规律的正确反映并按其内在逻辑组成的一定体系，源于实践并在实践中得到检验和证明，不仅正确揭示了客观事物的本质及其规律性，而且能够帮助人们把握社会发展方向和历史进程，为人们提供正确认识事物和有效行动的方法，帮助人们树立正确的世界观、人生观、价值观，使人们正确认识世界和改造世界，所以科学理论对实践活动具有重要的指导和推动作用。

大学生幸福观教育作为一种实践活动，若想取得良好实效，就必须有科学理论来指导。或者说，科学的大学生幸福观教育活动离不开科学理论的指导。马克思主义理论是科学的理论，是辩证唯物主义和历史唯物主义的有机结合，是经过实践证明的科学理论，因此大学生幸福观教育必须以马克思主义理论，尤其是马克思主义幸福观为指导，才能使大学生幸福观教育沿着科学的轨道进行。同时，大学生幸福观教育还要借鉴哲学、心理学、经济学、社会学、教育学等相关学科理论，不断汲取古今中外幸福观及幸福观教育理论的精华，与时俱进，以增强大学生幸福观教育工作的实效性。

（2）设计科学的教育内容体系。大学生幸福观需要教育者的引导与教育，但教育者应该呈现给大学生什么样的教育内容？正如人体需要营养，所以人们应该合理膳食一样，大学生幸福观教育的内容是否科学合理，同样影响着大学生幸福观教育的成效，影响着大学生是否能够获得幸福以及在何种程度上获得幸福。故大学生幸福观教育内容不能由教育者随心所欲，任意安排，而必须依据大学生幸福观存在的问题、大学生身心发展及社会发展需要来精心设计，必须是依据规律性、把握时代性、尊重个体性、体现社会性的辩证统一。因此，科学的幸福观教育内容应该是引导大学生尊重生命的存在，创造生命的价值，体验生命的幸福，并在此基础上引导大学生培养优良的道德品格，正确把握德福关系，实现物质幸福与精神幸福、过程幸福与结果幸福、个人幸福与社会幸福、创造幸福与享受幸福的辩证统一。这些教育内容是以马克思主义幸福观为指导设定的，符合

---

① 梅萍. 当代大学生生命价值观教育研究［M］. 北京：中国社会科学出版社，2009.

大学生生命发展的本质要求和人类社会发展的客观规律要求，因而具有科学性。

3. 彰显教育的人文性

大学生幸福观教育是教育者与教育对象之间探索生命意义的历程，是一种关系人的精神世界的人文活动，包含着对善与美的价值追求及对终极意义的关怀和寻觅，因此大学生幸福观教育活动的生命力就在于其精神性、人文性和价值性。大学生幸福观教育方法的人文性主要体现在两个方面。

第一，对大学生充满人文关怀。人文性的核心是"人"，所以，大学生幸福观教育方法的人文性首先是要关心人和尊重人，以人的幸福为出发点和落脚点，既要关心大学生的需求，又要尊重大学生的合理需求。幸福观教育的实效不是靠生硬的说教或者命令式的传达来完成的，而必须了解、懂得并尽量满足大学生的个体需求，要有针对性地激发大学生高层次的需求。因为有需求才会有动力，有动力才会有行动，有行动才会有行动的结果，只有在行动过程中及产生满意的行动结果后，大学生才会产生幸福的心理体验。然而，在我们过去的高校思想政治教育中存在着"三多三少"的现象，即强调施教者的职责多，关注学生的权利少；强调国家的需求多，关注学生的幸福需求少；强调道德理论的灌输多，关注学生的幸福能力培养少。因此，这样的高校思想政治教育几乎是外在于学生的，学生因为缺乏学习的动力而影响教育的效果。在学校，只存在管理者与被管理者、教育者与被教育者的关系，而不是平等的人与人之间尊重与满足发展需求的关系。这就导致高校思想政治教育工作因为失去了对"人"的关爱和对"人"内在道德需求的激发，因而影响了教育实效性。因此，教育者要树立"以学生为中心"的教育理念，围绕"一切为了学生，为了一切学生，为了学生一切"这个中心开展教育工作，充分尊重学生的人格，满足学生成长、成才过程中的物质需求和精神需求，尽量满足学生各种迫切而合理的需求，营造良好的有利于大学生追求幸福和体验幸福的氛围和环境。此外，要做学生的良师益友，帮助解决学生的各种心理问题和现实困难。与中学生相比，大学生的人生追求更高、面临的压力更大、心理困惑更多,因此他们更需要老师的关怀和体贴,所以要以情感人,以情育人,关心学生的现实生活,关注学生的未来发展。以爱子之心去爱生,以教子之诚去育人,是"贴近学生"的必要条件和有效途径。有了教师的关爱,学生更容易接受老师的教育,教育效果也更理想。

第二,尊重大学生的个性选择。在大学生幸福观教育中,学生虽然是受教者,但他们有自由意志和人格尊严,因此尊重学生的自由意志和独立人格不仅是真正教育的条件,而且是教育本身的内在规定。[①] 众所周知,每一种幸福观都有相应的意义,不同的人对幸福的理解和感受不同,即使是同一个人,在不同的人生环境中对幸福的理解和感受也会不同,所以进行幸福观教育的目的不是用统一的幸福标准禁锢、束缚和约束大学生的追求,倘若如此,我们就会扼杀学生的幸福能力。因此,我们必须高度尊重学生对于幸福的个性选择,并创造一切有利条件去发展学生的幸福能力,使之学会调整和重组自己的幸福认知、心理欲求和行为方式,懂得用科学的幸福观来指导自己创造和享受幸福生活。学生的幸福追求只要是有利于自己和他人的存在与发展,就应该得到教育者的支持和鼓励,教育者绝不能用一把幸福的尺子去度量和要求所有的学生。

第二节 新时代高校思想政治教育的创新内容

一、以理想信念为核心

理想信念教育是高校思想政治教育的核心和关键,是高校思想政治教育的主要内容和重要方面。通过理想信念教育,可以有效地帮助学生们了解"为什么学习"这一关键问题,可以为学生个人的学习、成长和发展注入强劲的动力,同时也可以帮助学生有效地明晰"人生该怎么度过"的问题,引导和鼓励更多的大学生将国家和民族命运与个人前途紧密结合在一起,立志为国家民族的发展振兴积极贡献力量。但是,从目前高校大学生

[①] 肖川. 好教育好人生 [M]. 南京:凤凰出版传媒集团,2010.

理想信念的现状来看，很多大学生对理想信念教育认知不足，或多或少地存在功利化突出、理想信念缺乏、割裂个人与集体利益等方面的问题，这些问题都需要广大高校思想政治教育工作者通过实施有效的理想信念教育去破解和完善。

（一）理想信念的内涵

从理论层面分析，所谓理想信念是指一个人对未来生活持有的既定目标和希望，以及克服困难险阻、积极为之奋斗的积极性和创造性。理想信念对人思想行为的影响非常明显。如果一个人的理想信念是正确的，他的思想行为也会受到积极的影响，不会轻易发生偏移和改变；如果一个人的理想信念是错误的，那他的思想行为也会受到负面的影响。从高校理想信念教育的内容来分析，理想信念的内涵一般包括三个方面。

1. 国家民族层面

这是理想信念的最高阶段。作为当代大学生，不仅要关注自身的成长，谋划自己未来的前途发展，更要将自己的成长发展与国家和民族的命运发展紧密联系在一起，只有国家富强、民族振兴，自己才能有更好的发展。古代儒家学说有"修身、齐家、治国、平天下"的观点。很显然，治国、平天下是理想信念的最高层次，而且国家和民族的命运发展与个人的发展是并行不悖、密不可分的。所以，从这个角度来看，作为大学生，一定要树立共产主义远大理想和中国特色社会主义共同理想，为实现中华民族伟大复兴的中国梦而努力奋斗，自觉担负起国家富强、民族振兴的历史责任。

2. 社会层面

从个人的成长发展历程来看，人是一种社会性的动物，不能脱离社会而孤立存在，而要依靠社会群体的发展而生存。因此，在理想信念之中，人一定要关注社会发展，要将社会发展目标与个人的前途命运有机地结合在一起，通过自己的行为奉献社会、对社会施加积极的影响，主动承担社会责任，进而获得社会的认可。对于大学生，要从大学阶段开始积极引导其关注社会、回馈社会、奉献社会，努力成为有用之才。

3. 个人层面

这是理想信念的最基本层次,也是一个人对于个人成长、发展的希望和追求。从一个人发展的角度来看,不仅要拥有足够的物质财富,还要具有较为崇高的思想道德观念,只有这样,才能真正实现自身价值。作为大学生,在树立个人的理想信念之时,不应该将追求的目标局限于物质层面,更不能为了追求物质而丧失做人的底线和道德操守,而要努力在物质财富与精神追求中寻找平衡点,在实现自身价值的同时,也要与他人和谐相处。

(二) 新时代高校大学生理想信念教育实效性的提升路径

1. 不断提升高校理想信念教育工作的重视程度

一方面,高校思想政治教育不断提升对理想信念教育的重视程度,将其作为高校思想政治教育的核心内容和关键环节,将理想信念教育与高校人才培养目标有机地结合起来,并将其纳入人才培养体系。另一方面,要强化对理想信念教育路径和载体的认知和探索,从时代发展的角度出发,从未来青年培养的角度出发,不断拓宽和深化理想信念教育的内涵和外延,更好地丰富和创新高校理想信念教育的路径和方式。

2. 不断夯实思想政治理论课的主阵地

需要看到的是,高校学生的理想信念不会自然形成,如果不进行正确的引导,则很可能出现偏差。对此,一定要发挥思想政治课的主阵地和主渠道作用。一方面,要对思想政治课的内容进行大力革新,通过引入传统文化等方式,让教学内容更加贴近学生的日常生活,更容易让学生理解和接受。另一方面,要不断创新教学方式和模式,努力提升思想政治课的教学效果和质量,激发学生的主动参与意识,让学生在接受高校思想政治教育过程中形成科学的理想信念。

3. 不断创新理想信念教育载体和平台

一方面,要大力开发和建设理想信念教育的网络信息平台,更好地适应高校学生对互联网、手机等社交载体的依赖,让理想信念教育的方式更加贴近学生的生活，更加符合学生的口味。另一方面，要努力开设理想信念教育的第二课堂，通过结合当地的红色资源、传统文化资源等，引导学生主动接受文化的熏陶和影响，提升理想信念教育的持久性。

4. 不断优化理想信念教育的氛围和环境

高校理想信念教育不应该是孤立的，而要与高校环境充分融合，渗透到高校生活环境之中，通过良好的氛围和环境对学生进行熏陶和影响。要不断加大校园文化建设，通过选树先进典型、组织相关活动、打造校歌校训等方面，努力营造一个适合理想信念教育的大环境，让理想信念教育从点滴的小事开始渗透，逐渐成为学生的一种精神自觉和道德自觉。

综上所述，新时代高校理想信念教育是一项十分重要的工作，不仅影响着高校学生的健康成长和未来发展，也会对国家发展、民族振兴产生不可替代的重要作用。对此，高校思想政治教育工作者一定要不断立足学生的思想现状，及时调整教育路径和方式，推动高校理想信念教育持续取得成效。

二、以习近平新时代中国特色社会主义思想为统领

在我国建设社会主义现代化强国、实现中华民族伟大复兴中国梦的过程中，高校承担着培养中国特色社会事业合格建设者与接班人的任务，这就需要在高校思想政治教育课堂中贯彻习近平新时代中国特色社会主义思想。习近平新时代中国特色社会主义思想是马克思主义中国化的成果，是中国特色社会主义理论体系的重要内容。我们不仅要将学习、宣传、贯彻习近平新时代中国特色社会主义思想作为当前与今后高校思想政治教育工作的首要任务，而且要将其作为鲜活内容，贯穿高校思想政治教育课堂全过程。在思想政治工作的各个层面贯彻和体现高校思政教育既包括理论教学，还包括实践教学。作为理论与实践结合和升华的精神启迪教育，要在高校思想政治教育中发挥习近平新时代中国特色社会主义思想的统领作用，在理论教学中做到与时俱进，从新时代出发，推进高校思想政治教育改革；在具体的实践教学中，应该对高校思想政治教育形态进行革新，推进智慧课堂，体现新时代特色，与时代接轨；在精神上，应该做到理论与

实践结合，敢于创新，将新思想融入学生心中，使广大学生能够把握新时代的内涵与要义，争当习近平新时代中国特色社会主义思想的传播者、研究者与践行者，培养一批有觉悟、德才兼备的现代化建设人才，办好人民满意的现代化高等教育。①

（一）以习近平新时代中国特色社会主义思想统领高校思政理论教育

理论是行动的先导，科学的理论是高校思想政治教育的前提和基础。在新时代，习近平新时代中国特色社会主义思想应运而生。这一思想是对马列主义、毛泽东思想、邓小平理论以及"三个代表"、科学发展观的继承与发展，是中国特色社会主义理论体系的新发展，是马克思主义中国化的新成果，是当代中国的马克思主义，也是21世纪的马克思主义，不仅为党和国家实现中华民族伟大复兴而奋斗提供了行动指南，而且具有世界历史意义。同时，这一思想是高校开展思政工作的理论武器与纲领性文献。高校思政教育要在理论内容方面全面贯彻新思想、新理论，教育青年大学生要从理论高度把握新思想，使之成为指导自身发展成长的根本要求。②

1. 将习近平新时代中国特色社会主义思想贯穿高校思政理论课堂

高校思想政治教育引导学生努力学习马克思主义理论的新成果，即习近平新时代中国特色社会主义思想的基本方法与观点。弄懂并学会习近平新时代中国特色社会主义思想是高校思想政治教育工作的首要任务。通过思想政治理论课堂教学，对新思想进行全面讲述，能够让学生学会用新思想中的观点与立场来解决自己遇到的问题，指导自己成长与成才。

2. 用习近平新时代中国特色社会主义思想提升大学生理论素养

高校思想政治教育引导学生学习习近平新时代中国特色社会主义思想这一内容丰富、主题鲜明的理论体系，体会这一理论体系的逻辑，明确这一理论的要求，提升大学生群体的理论素养。习近平新时代中国特色社会主义思想的逻辑非常严密，就社会实践的角度来说，这一思想顺应当代中

---

① 陈霞. 习近平新时代中国特色社会主义思想统领高校思想政治教育改革发展探析 [J]. 新余学院学报，2019（2）.
② 中宣部. 习近平新时代中国特色社会主义思想三十讲 [M]. 北京：学习出版社，2018.

国改革发展的历史性社会变革，立足中国特色社会主义进入新时代的历史方位，承载着实现中华民族伟大复兴的历史使命，致力于推动中华民族从站起来、富起来到强起来的历史性飞跃，推动科学社会主义在实践中焕发出新的生机与活力。

（二）以习近平新时代中国特色社会主义思想统领高校思政实践教育

高校思想政治教育是理论与实践的统一体。从高校思想政治教育工作的实际情况来说，实践教学是被广大师生关注的教学形式。通过多种丰富的实践教学形式，高校思想政治教育能够提升教师与学生的满意程度，更好地解决教学中遇到的各种问题，为大学生的成长与成才提供政治上的保障。从习近平新时代中国特色社会主义思想本身来说，其不仅具有理论意义，还具有实践意义。

1. 习近平新时代中国特色社会主义思想的课堂实践教育

高校应该主动关注教育的形势，建设思政智慧课堂，并运用现代技术为高校思想政治教育课堂插上信息化的翅膀，使学生能够主动参与到思想政治课堂实践之中，从而改变固有的形态，以便于高校思想政治教育取得好的效果。在高校思想政治教育中，高校应该做到与时俱进，不断进行小建议、小调查等活动，以推进习近平新时代中国特色社会主义思想进入课堂，用习近平新时代中国特色社会主义思想武装学生，以取得"小处见大"的效果。

2. 习近平新时代中国特色社会主义思想的研究性实践

从高校思想政治教育的要求来说，参与校内外习近平新时代中国特色社会主义思想理论研讨等活动是对理论认识进行加深、对理论认同进行深化、将理论与实践紧密结合的途径，也是推进高校科研反哺教学的重要手段，是不断提升高校思想政治教育的重要要求。在习近平新时代中国特色社会主义思想教育中，通过采用小组汇报、理论研讨等方式，能够推进高校在新思想宣传教育中更好发挥人才的优势，深入开展新思想专题研究，将历史与现实贯通起来，将理论与实践结合起来，从而帮助师生更好地认识世界与中国的问题，并运用科学的观点与立场，通过创新思维对遇到的各种问题加以解决，从而形成时代气息，指引人们向着中国特色社会主义道路迈进。

3. 习近平新时代中国特色社会主义思想的课外传播实践

高校思想政治教育通过组织师生的具体实践活动，尤其是让他们深入工厂、社区等开展习近平新时代中国特色社会主义思想的宣传教育活动，是高校思想政治实践教学的一种有效方式。在宣传习近平新时代中国特色社会主义思想的活动中，应该促进人们正确认识新时代的使命和责任，明确政治要求，保持正确的政治路线，投身于实现中华民族伟大复兴的过程中。通过宣传新思想，使人们能够统一战线、统一意志、统一思想，在党的领导下开展工作，坚持贯彻党中央的决策部署，绝对不能背着中央另搞一套，维护中央权威，令行禁止，做到知行合一。

三、以"四史"教育作为重要内容

（一）"四史"教育的基本理论框架

"四史"教育是新时代高校思想政治教育的一项重要任务，加强"四史"教育，对于建立高校学生的德性，提升他们的道德素质非常重要。通过"四史"教育，让高校学生认清社会主义道路的深刻内涵，引领学生自信、自立、自强，增强道路自信、理论自信、制度自信、文化自信。[①]

1. 党史

从1921年成立到2021年，中国共产党走过了整整100年。党史记载了中国共产党自成立以来不断努力奋斗的历程，这是党领导中国人民进行革命、建设、改革理论发展的实践历程，是一代又一代共产党人为实现共产主义理想而不怕牺牲、不懈努力、前赴后继、奋勇向前的历程，是中国共产党不断走向成熟的历程。

2. 新中国史

新中国史记录了从1949年10月1日中华人民共和国成立至今的历程，

---

① 徐海平. 以"四史"教育引领高职院校学生思想教育的路径探析［J］. 大学，2021（16）.

这是新中国从站起来到富起来的过程，是党领导全国人民进行经济建设、国防建设，国家日益强盛的历史。70多年来，在党的领导下，中国人民勇于创新、勇于奋斗、勇于拼搏，开辟了中国特色社会主义道路。

3. 改革开放史

改革开放史是中国共产党领导中国人民创新创造、自我发展的历史，是不断推进社会主义制度完善和发展的过程。40多年来，中国共产党领导全国人民不断解放思想、大胆改革，不断推进国家治理体系和治理能力现代化，不断提升人民生活水平、改善人民居住环境、提升国家国际地位，是新中国从富起来到强起来的历程。

4. 社会主义发展史

从时间维度来看，社会主义发展史具体包含"空想社会主义的产生和发展""马克思、恩格斯创立科学社会主义理论体系""列宁领导十月革命并实践社会主义""苏联模式逐步形成""新中国成立后中国共产党对社会主义的探索和实践""中国共产党进行改革开放，开创和发展中国特色社会主义"六个阶段，经历了从空想到科学的飞跃、从理论到现实的转变，是共产党人的精神财富，也是实现中华民族伟大复兴的中国梦的精神动力。

（二）开展"四史"教育的重要途径

1. 利用日常学习开展"四史"教育

高校应该充分建立高校思想政治教育的主阵地来开展"四史"教育，将教育融入日常生活，也可以利用线上平台开展教育，将线下与线上结合，自主学习与交流的结合，通过线上和线下学习，让学生能够体会到中国共产党的艰辛。高校可以通过演讲比赛、征文活动等，引导学生对"四史"进行感悟，探究"四史"的成就，增强对学生的感召力与吸引力。

2. 利用重要节点开展"四史"教育

高校要进行党建、团建活动，将"四史"教育融入节日活动，如在"七一""十一"等重要节日前后，有针对性的重点开展"四史"宣传或者主题活动，对党的历程以及光荣岁月进行充分学习，通过真实的历史事件、历史人物等，深化对党的认识，让学生建立深厚的爱国情怀。

3. 利用红色资源开展"四史"教育

革命故事、革命遗迹、革命文物中都蕴含着党的艰辛历程，都饱含着激情岁月。学校可以通过组织学生观看红色电影、走进红色基地、聆听红色歌曲，对革命精神进行深度挖掘，助推学生从中汲取精神力量，让红色基因融入青春血脉，让红色精神将青春力量激发出来。

4. 利用思政课程开展"四史"教育

高校要充分构建"四史"学习体系，将课上课下结合起来，推进"四史"教育进教材、进教室。育人之本在于立德铸魂，高校将"四史"教育融入高校思想政治课堂，用红色资源提升高校思想政治课堂的吸引力，探索用学生喜欢的方式讲好中国故事，培养学生的爱国情怀与责任感，让学生在历史中感悟力量，在故事中不断增强信仰，在信仰中增强力量和勇气。

四、弘扬建党精神与红色传统

一百多年以来，很多共产党人不怕牺牲，努力奋斗，形成了伟大的建党精神。中国共产党经过无数的考验和代价，凭借着顽强的精神，与人民想在一起、干在一起，踏上了社会主义现代化的新征程。弘扬伟大的建党精神传承红色基因是党中央基于党的历史新起点，对于实现中华民族伟大复兴战略进行统筹，对于推动党建和建设中国特色社会主义伟大事业意义巨大。[1]

（一）伟大建党精神与红色基因的内涵

中国共产党的历史是中华民族历史文化的沉淀，内含宝贵的精神财富，是一部体现初心与使命，凝聚着无数革命先辈的实践智慧和创新成果的历史。中国共产党在不断的斗争中诞生、发展、壮大，党史是迎难而

---

[1] 宋佳. 弘扬伟大建党精神　传承红色基因 [J]. 学理论，2021 (12).

上、甘于奉献的抗争史和奋斗史，更是中国共产党建设中国特色社会主义伟大事业的重要导向。伟大建党精神凸显了中国特色社会主义文化根基，因此弘扬建党精神、传承红色基因对推进党的"四个伟大"治国理政方针具有重要的意义，必须对二者的内涵进行深入探索，实现中国共产党为人民谋幸福、为民族谋复兴的初心和使命。伟大建党精神蕴含着优秀的传统文化和红色基因，是在不断努力、不断斗争下形成的，人民情怀、爱国主义、创新精神以及理想信念作为其重要内容，必须对其进行深化。

红色基因是中国共产党红色文化资源的精神密码，而红色资源是革命精神的重要体现，因此，在弘扬伟大建党精神时必须将其与中国共产党人的红色革命精神协同推进，对其政治目标、文化品质秉持着相同的逻辑和学术维度进行探索，以达到传承红色基因的目的。理论逻辑、文化逻辑、历史逻辑与实践逻辑的辩证统一是弘扬伟大建党精神、传承红色基因的密码。红色基因的传承须以马克思主义历史观为导向，从历史、文化、理论以及实践等多维角度来深化，确保其发挥真正的价值。中国共产党精神谱系有着丰富的理论根基和实践基础，是马克思主义与中国优秀传统文化结合的产物。在弘扬伟大建党精神时，要将马克思主义与中国传统文化进行深度融合，以确保其满足中国特色社会主义的发展需求。在此基础上，伟大建党精神体现了老一辈共产党人艰苦朴素、廉洁奉公、清廉为民的优良作风，取得了一个又一个伟大成果，坚守初心与使命是老一辈共产党员的价值追求、精神风范，更是当代共产党员"不忘初心、牢记使命"的价值导向。在弘扬伟大建党精神时，要将其作为本质，对中国共产党勇于自我革命、从严管党治党的鲜明政治品格进行剖析，充分继承、发扬伟大建党精神。另外，伟大建党精神作为中国共产党精神风貌和理想信念的体现，为革命精神、"红船精神"提供了基础的理论导向和原则，使伟大建党精神具有普遍性、长期性的特点。

（二）弘扬伟大建党精神、传承红色基因的途径

1. 加强理论武装，坚定共产党员的理想信念

坚持理想和真理是坚持马克思主义的科学真理，是坚持以共产主义远

大理想与中国特色社会主义理想为目标的动力,更是伟大建党思想的基石,是共产党人价值与信念的重要体现。因此,在弘扬建党精神时,应该加强理论武装,坚定共产党员的理想信念,将马克思主义作为指导思想,为中国共产党的理想信念注入灵魂。

2. 挖掘红色资源,提升资源利用价值

红色文化资源具有溯源、寻根、追魂的作用。为了传承红色基因,发挥红色精神价值,必须深度挖掘红色文化资源,从红色文化资源本质出发,整合现有的红色文化资源,确保红色文化资源发挥其重要的价值。

3. 加强网络意识形态建设,传播红色文化

党的一项重要工作就是意识形态方面的工作,这对党的发展意义巨大。通过文化传播,加强政治认同,增强思想的凝聚力与吸引力。在大数据时代,为了顺应文化产业发展,应该借助网络,不断加强红色文化传播。

第五章 新时代高校思想政治教育的主客体

高校思想政治课是对学生进行高校思想政治教育的重要课程。要完成好这项教育任务，就必须研究影响和制约高校思想政治课教学过程的诸多要素，如教师、学生、教材、教学环境等。本章将这些因素归结为高校思想政治教育的主客体。

第一节 高校思想政治教育的主体

一、高校思想政治教育中的教师

（一）思想政治学科教师的职业角色定位

角色或称社会角色，是由人的社会地位所决定的，是社会所期望的行为模式。一个人占据某一特定的社会地位，社会就相应赋予其特定的期望，处于这个位置的人就必须按照社会所规定的行为规范、责任和义务行事。高校思想政治课教师是教育者角色中较特殊的一种，处于这一特定位置的教师必须按照社会的特定期望去行事。

根据我国高校思想政治课的性质和任务，我们认为思想政治教师的职责主要在于三个方面。

第一，促进学生的政治社会化。此处，政治社会化是指促使年轻一代形成与其所处的社会政治体制一致的态度和价值，政治社会化的目的在于培养青少年使其具有在政治上和社会上都合适的行为。换句话说，政治社会化就是一个通过社会环境的教育形成其基本政治态度的过程。不论一个国家社会道德的或政治、经济的情况如何，政治社会化都是一切教育制度的主要职能。教育的政治社会化职责是由教育体制的各个环节共同承担的，但政治教育课程、德育课程是直接、集中承担这一职责的环节。① 那么，作为组织、实施这类课程的教师，理所当然地承担着促使学生政治社会化的职责。具体到我国，高校思想政治课教师在促使青少年政治社会化方面的职责就在于教育学生热爱社会主义，坚持四项基本原则。通过教育教学引导学生树立正确的政治观念，坚持四项基本原则，拥护中国共产党的领导，坚信社会主义制度的优越性，坚定不移地走社会主义道路，这是高校思想政治课教师光荣而又艰巨的任务。高校思想政治课教师的这一职责是由国家的需要和学生成长的需要共同决定的。从国家角度看，社会主义建设事业要想永远发展下去，必须得到青年一代的认同和支持，但这种认同和支持不能只靠自发产生，还必须有日常的、潜移默化的和专门的、直接的教育和引导。在学校工作中，高校思想政治课教师是从事专门的、直接的教育和引导人员，这是其职责之所在。从青少年角度来看，他们正处在一个快速发展的时期，是形成政治态度的关键阶段，是对各种影响特别敏感的成长期，特别需要正确的、直接的教育和引导。

第二，对学生进行思想教育。人的政治态度是和其思想观念直接相连的。对青少年进行思想教育是促成青少年政治社会化的保证。高校思想政治课教师是该学科教学的组织者和主导者，完成这一教育任务是其应尽的义务。同时，学生正处在世界观、人生观和价值观初步形成的关键时期，加上这一时期他们因身心方面的迅速发展与缺乏社会经验所造成的巨大反差，内心世界充满矛盾，对世界观、人生观和价值观教育有迫切要求，因而此时是进行这方面教育的最好时机。正是国家的要求和青少年的需要决定了高校思想政治课教师必须肩负起对学生进行思想教育，帮助他们初步形成马克思主义的世界观、人生观和价值观的重大职责。

第三，对学生进行社会科学知识教育。社会科学学科是从不同的角

---

① 朱明光，蓝维等. 思想政治学科教育学［M］. 北京：首都师范大学出版社，2000.

度研究人及人类社会，其成果同自然科学知识一样，是人类智慧的结晶，是人类宝贵的文化财富。学校的社会科学知识教育是为了满足青少年社会性学习和社会性发展的需要。但是，各门社会科学学科不可能按各自的学科逻辑进行系统的教学，只能以高校思想政治课这样的综合或混合型科目对各门社会科学学科的基本原理、概念、知识和方法加以整合，形成一个较为统一的教学科目。而且，社会科学知识是政治教育和思想教育目的得以实现的资源。政治教育和思想教育从来都不是纯粹、直接、孤立进行的，因为这样的教育效果可能适得其反。总之，社会科学知识不仅具有很强的启智功能（主要是社会性认知），还是政治教育和思想教育的素材和养料。学生的社会科学知识虽然可以通过诸多渠道自发获得，但有计划、有组织的高校思想政治课教学依然是主渠道。在高校思想政治课教学过程中，学生可以在高校思想政治课教师的引导下系统地学习哲学、政治学、经济学、法学、伦理学、心理学等人文社会科学的基本原理和常识，以修养身心，开启智慧，形成正确的思想观点。作为直接进行思想政治学科教学的教师，毫无疑问肩负着对学生进行社会科学知识教育的重任。

根据高校思想政治课教师的职责，我们可以对其职业角色定位有一个比较清楚的认识。高校思想政治课教师是教育者，是通过自己的教书育人影响学生身心发展的人。从这个层次看，高校思想政治课教师和其他教师的职业角色没有区别，都是教育者。但是，高校思想政治课教师是特殊的教育者，是通过课堂教学专门进行政治教育、思想教育、社会科学知识教育、道德教育和心理品质教育的人。高校思想政治课教师与一般德育工作者有共同的任务，都要进行政治、思想、道德和心理等方面的教育。但他们的区别在于，前者是通过课堂教学的形式，借助社会科学知识来达到教育目的，而后者主要通过日常管理和组织活动的形式，借助学生的生活经验来达到教育目的。综上所述，高校思想政治课教师是以课堂教学为主渠道，专门对学生进行政治教育、思想教育、社会科学知识教育、道德教育和心理教育的教育者，这就是高校思想政治课教师的职业角色定位。

（二）高校思想政治课教师应具备的能力

高校思想政治课教师是教师队伍的组成部分，他们应具备如下一些特殊能力。

1. 道德教育能力

道德学习又可细分为道德事实知识的学习、道德规范的学习，以及价值、信念的学习三个层次。现在的德育往往只重视道德教育的第一个层次，而舍弃了更为根本的后两个层次，不可避免地异化为知识教育和思维训练。正是这个原因，我们许多高校思想政治课教师具备知识教育、技能训练的能力，但缺乏道德教育的能力；具备道德知识教育的能力，而道德规范、道德价值信念教育的能力不足。但高校思想政治课的知识教育不是最终目的，其最终目的在于培养学生良好的品德、理想和信念。因此，高校思想政治课教师不能只具备知识教育的能力，还应具备道德教育的能力。

2. 心理教育能力

在科学技术迅速发展、社会竞争日益激烈、学校教育的选拔性日益增强的今天，学生的心理健康问题越来越多。有人认为可以通过专门的心理教育来解决心理问题，但这是一种治标而非治本的行为，只要心理问题产生的土壤没有得到彻底改良，心理问题就不能得到真正的解决。学校是社会的缩影，学校教育中的一些问题的根在社会，如升学的激烈竞争实际上是社会就业压力的反映。也就是说，产生心理问题的"土壤"不是学校所能彻底改良的，学校只能做其力所能及的事。

心理教育是培养受教育者良好心理素质的教育，是提高受教育者心理机能，充分发挥其心理潜能，促进其个性发展的教育。从这一角度出发，教师的心理教育能力包括：（1）培养学生一般认识能力的能力；（2）上好心理教育课的能力；（3）进行心理咨询的能力；（4）培养学生自我教育能力的能力；（5）对家长进行心理教育的能力；（6）对学生心理素质发展进行评估的能力等。这是从心理教育任务出发所得出的对高校思想政治课教师的能力要求。如果加以概括，我们认为高校思想政治课教师的心理教育能力应该包括以下要素：（1）敏锐的观察力，即准确了解学生心理状况的能力。这是心理教育的前提,因为学生的心理活动是一种内在的活动,看不见摸不着,教师只有具备了敏锐的观察力,才能透过外显的信息进行判断。(2)灵活而深刻的思维能力,即透过现象看本质,对学生的心理特点进行抽象概括的能力。(3)准确的预见能力,即对学生的心理和行为发展的方向和趋势的预见能力。(4)因材施教的能力。人的心理活动是最复杂、最多变的,每个学生的心理发展水平又是不一样的,因此,每一个学生的心理问题都与他人有着根本的不同,这就要求高校思想政治课教师能够因材施教,创造性地进行心理教育。(5)移情能力,即理解、分享学生情感的能力。心理教育是"心对心"的交流,教师如果没有移情能力,不能理解、分享学生的感情,心理教育是无法进行的。移情能力体现为对学生的理解、同情、接纳、信赖。这既是心理教育得以顺利进行的前提,也是教育效果的有力保证。

二、高校思想政治教育中的学生

(一)学生是政治课学习主体的两种错误认知

确认学生是学习主体地位,必须注意以下两种倾向。

第一,要注意传统教学论的"教为重心"和"教师中心"的倾向。在近代教育史上,在夸美纽斯、赫尔马特等人的教学理论指导下确立起来的"教师中心"论把教师看成技工,把学生看成机器,主张学生对教师保持一种被动地位,教师对学生的要求具有强制性质,完全否定学生的主观能动性,否定了学生的主体地位。

第二,要注意"学生中心""活动教学"的倾向。从20世纪开始,杜威等人和"新教育派""进步教育派"曾不断对所谓传统教学论发起挑战,进行批评,倡导和推崇"学生中心""活动教学"。但是,他们从一个极端走到了另一个极端,片面强调学生是学习主体,强调教师围着学生转,教学围着学生转。这低估、抹杀了教学过程的其他因素。

为了正确认识学生是学习主体地位,对上述两种倾向都要有一种正确和全面的认识。但就目前我们所面临的教学现状来看,摆脱和克服"教为重心"和"教师中心"的影响是一项更为艰巨的任务。

（二）学生是政治课学习主体的实践意义和要求

确认学生是学习主体是教育、教学改革的根本任务之一，也是教育、教学其他诸项改革的前提条件，在教育、教学改革及其实践中具有重要的意义。

第一，有利于确立双重教学价值观。长时期以来，教育和教学由于只重视其在促进社会进步与发展方面的功利性外在价值，而忽视其在形成个人完善的内在性格的高尚精神世界方面非功利性的内在价值，因此使教育教学的过程基本上成为一种强迫、外在的过程。承认学生是学习主体，就必须认清教育教学不仅是一个促进人的社会化的过程，也是一个促进人的个性化的过程，从而使各类人才的素养得以提高，使教育教学获得全面发展。

第二，有利于实施因材施教的教学原则。确认学生是学习主体，在教育教学中就必须重视学生个体的特点，就必须根据不同学生的认知水平、志趣爱好和个性差异来确定不同的目标，采取不同方法，进行非"一刀切"的教育教学，这有利于学生个性的发展和个人素养的培养。这样，才能使因材施教原则在教学过程中得到贯彻落实。

第三，有利于适用多元教学模式和多种教学方法手段。确认学生是学习主体，在教学实践中就必须从学生主体的实际出发，以动态的观点看主体，根据主体本身固有的特点，选择不同教学模式及教学方法和手段，改变过去"千课一面"的状况，使教学充满生机。

第四，有利于建立平等、民主、合作的师生关系。确认学生是学习主体，就要求教师将崇高的人道主义、平等精神引入师生的交往活动中。教师要尊重学生的人格，充分爱护、信任、理解学生。这有利于学生主体精神的发挥，有利于他们树立自尊、自强、自信、自立的信念，激发内在潜能。

可见，确立学生是学习主体是实现教育、教学改革目标的条件。由于政治课教学具有社会性、参与性和实践性的突出特点，以及在培养人的过程中的突出地位，因此在政治课教学中确认学生的主体地位具有重要性和紧迫性。

第二节 高校思想政治教育的客体

一、客体概述

从哲学上看,客体是指认识活动和实践活动的对象,即人所要认识和改造的客观事物。显然,高校思想政治课教学的客体应该是作为主体的人(教师和学生)所共同认识的对象,即教材。但在对于教学过程的客体的讨论中,许多人都把师生关系和地位问题当作主体与客体来进行研究,这显然是违背了最基本的哲学道理。例如,在传统的"教师是唯一主体"的观点中,把学生作为被教师改造和发展的对象,使之成为教学过程的客体,这种观点既忽视了学生的主体积极性,导致学生主体性受到压抑,以致学生产生厌学或与教师强烈对抗的不良状况;又否认了教学是师生双方的共同活动,忽视了其认识和实践活动的对象是教材,以致把师生关系和各自在教学过程中的地位与教学过程中的主体和客体混为一谈。同样,在"学生是唯一主体"的观点中,从教学过程的内外因关系上来认定学生是主体,教师是客体,混淆了主体和内因、客体和外因两个不同范畴的概念,进而混淆了教育过程跟学生自发的学习和发展过程,从根本上否定了教育活动。总之,确定教学活动的主体和客体,既不能单从教的角度来确定,也不能单从学的角度来确定,而应该把教与学统一起来,从教学的整体活动过程中来确定,即主体是教学活动的承担者——教师和学生,客体是教学活动的客观对象——教材。

二、高校思想政治教育的教材分析

(一)教学内容的规范

高校思想政治课教材的编写不同于编写一般思想政治通俗读物,也不能照搬现成的经典论著,而必须有学校教育特定的理论和实践的依据。我们提倡教材要有可读性,并不是消极地去迎合学生的阅读兴趣;我们主张教材要有可教性，就是要向学生施加固定的、有目的、有计划的影响。因此，在编写教材时，对有关教学内容的规范就不单纯取决于语言的艺术或理论的功底，更重要的是体现课程逻辑和目标结构的重建。

1. 制定编写规范的指导思想

根据课程标准编写课本，在制定编写规范时有两个根本出发点。课程标准规定，课本作为实施课程标准的基本工具，必须按照课程标准提出的教学目标，反映课程标准规定的教学内容和基本要求。课本作为教与学的基本工具，应采用归纳与演绎、分析与综合相结合的叙述方式，提供新颖活泼的版式设计，力求既有利于教师教学，又有助于提高学生的阅读兴趣，便于学生理解。大纲与教材的基础职能应有明确的区分：前者是法规，后者是贯彻法规的工具。唯有前者能够真正行使其法规的职能，而成为教学不可偏离、不可或缺的依据，后者才能尽其工具的效能，充分发挥推动和辅助教学的作用。因此，以《课程标准》的颁发为契机和依据，探讨和发掘"课本作为教与学的基本工具"的功能，是我们理解高校思想政治课本编写规范的出发点之一。出发点之二，对编写规范的思考，则是在重新审视并总结吸取了以往高校思想政治课教材编写经验的基础上开始的。在我们看来，以往高校思想政治课教材的编写模式大体可归纳为两类。一类可以称为"规范体"。其特点是强调课本的法规性，讲究文字精练、文法规矩、条理清楚、结构严谨，字不厌少、书不厌薄，不是法规胜似法规。另一类可以称为"通俗体"。其特点是特别注重课本的可读性，具体表现为引入了大量生动的小例，采用夹叙夹议、从具体到抽象的叙述方式，使用语言不拘一格，字不厌多，书不厌厚，"不依赖教师，学生也能读得懂、愿意读"。如何评价这两种模式，见仁见智。但从历史的角度看，它们各有其形成的理由和优点；从现实的要求来看，又各有其明显的缺陷，所以要探讨一种新的编写模式，我们称之为"教学体"。

2. 课本编写规范的主要特点

教材编写规范的特点主要表现在三个方面。

（1）处理课本内容的原则。以课程标准的规定为基础规范课本内容，最突出的问题仍然是降低难度，减轻分量。在政治课的教学中，有一种特别不好处置和把握的内容，就是课本中出现的那种学生自己读不懂、需要教师讲解而又不易讲解，并且不属于教学基本要求的术语、概念、事例、数据，我们称之为"信息单位"。那么，教学中如何处理这类"信息单位"呢？首先，必须清楚大多数这类"信息单位"在课程标准中未被列入基本要求的级别。我们划分级别的主要依据不是内容的理论意义，而是教学目标的设置与实施；换言之，级别的划分并不表明其理论意义的大小，而是教学目标的设置要求的高低或能力要求的高低（当然，二者也不会是截然分开的）。一些没有列入"识记"或"理解""运用"的"信息单位"并非其理论意义不够格。其次，需要说明的是，把握和处理教材中不可避免地出现的这类"信息单位"，对于正确引导教学具有重要意义。除了不能从理论意义上纠缠其级别的定位，而且要看到出于行文逻辑上的需要，这类三级概念的出现是不可避免的。但它们在课本中，或者是作为已知知识使用，或者是作为凭借概念借用，总之都不是作为教学目标设置的，当然也就不能作为教学目标来实施。因此，在讲课时，涉及或使用这些概念应围绕教学目标的设置，服从并服务于教学目标的实施，当讲则讲，宜简则简，得免则免，务必不要做过多、过深、过细的阐述。从某种意义上讲，能否处理好这类"信息单位"，也是能否成功地驾驭教材的一个关键。

（2）规范行文风格的原则。规范行文风格主要是指语言风格要严格遵循教材语言的专门规范，特别是正文的表述，既要通俗，又要有示范性。诸如教参语言、法规语言、论文语言、文件语言、文艺语言、新闻语言等，这些都不是规范的教材语言。辅助文可活泼些，但也不要过于口语化。从原则上讲，教材语言比较强调用书面语言，不用口语，戒说教语气；文字力求优美、生动，但忌用无实际意义的形容词，避免华丽辞藻的堆砌；语言要体现情感，但宜少用副词和语气助词，以免失真、做作；文笔要流畅、自然，但要注意修辞的严谨，经得住推敲，等等。

（二）教学体系的构建

在整体规划了学科课程体系的基础上，按照分类实施的原则，各年级的课程都建立了各具特色、相对独立的教学体系，即教材体系。根据现代课程论的观点，建立教学（教材）体系是课程编制的关键环节，即形成学科的内在结构，把科学理论的结构转化为学科课程的结构，以学科的结构去适应和促进学生认知结构的发展。课程要整合的不仅是科目之间的有机联系，更重要的是整合学科的内在结构与学生的认知结构。所以，以教材的编写为呈现方式的教学体系的建立是课程整合的实质。

（三）教材功能的把握

这里，我们所讲的教材是广义的教材。使用新教材，用好新教材，关键在于教学观念和教材观念的更新。当然，核心问题仍在于课本。对教材功能的把握，集中地表现为对课本功能的理解和运用。

课程标准的施行必然要伴随着教材使用方法的更新，从而导致了课本编写形式的更新。课本要适应教师和学生，教师和学生也要适应新课本的使用。教学和教材改革是双向互动的关系。教材改革的意义不同寻常，就在于教学观念、教材观念和教学方法都要有一个根本性的转变。

所谓教学观的转变，概而言之，就是由应试教育的模式转向素质教育的模式，在传授具体知识的同时，更为注重认知结构的优化、基本观点的建立，以及实践能力和创新精神的培养。而就教材功能的把握来看，凡属于应试教学模式的课本，其主要问题不在于信息量的"多"，而在于内容的"空泛"、推理的"直白"和结论的"僵硬"。其实，我们强调课本编写的规范化，并不等于编写形式和风格的模式化、内容表述的标准化。

所谓教学方法的更新，就是适应教学观和教材观的转变而采用新的教学方法。显然，照本宣科的老方法行不通了。一方面，教材所提供的"辅助文""设问小栏目""阅读与思考"等引导教学的手段是极富弹性的，教师的选择余地非常大。另一方面，对教学的基本内容和要求十分明确：有课程标准的尺度，有编写体例的规范，同时又使教学方法的创造性运用有着确定的轨道和方向。关于这方面的内容，我们将在后面专门讲教学法的章节做进一步的说明。

三、高校思想政治教育的环境分析

如同植物的生长需要适当的阳光、水分和土壤一样，教学也需要有一个良好的环境。思想政治教学中的主体不仅在一定的教学环境中存在，而且必须优化教学环境，以实现其教学目的和任务。

所谓环境，是指人们赖以生存和发展的所有外部条件的总和，包括物质环境（如日月星辰、江河湖泊、建筑雕塑等）和精神环境（如社会政治经济制度、社会风尚、意识形态等），这两种环境是人们生存和发展所不可缺少的。而对于高校思想政治课教学来说，后者则是更为重要和复杂的环境因素。

高校思想政治课的教学环境是一个动态的主体式结构。从现在的形态看，既有自然的，又有社会的；既有历史的，又有现实的；既有主观的，又有客观的；既有积极的，又有消极的。从发展的观点看，它又是动态的，处于运动变化和不断更新之中。社会的发展、科技的进步和人类认识水平与能力的提高使人们的活动领域不断扩大，也使教学环境的内容越来越丰富。因此，为了更好地完成教学目的和任务、充实教学内容、改进教学手段，就必须了解环境，进而去选择环境、设计环境、改造环境，使环境成为学生的"生动思想的源泉"。高校思想政治课的教学环境按照其存在和影响范围可以分为五个方面。

（一）良好的课堂环境

课堂是教学最主要、最直接的场所。课堂环境是影响教学的首要因素，适宜的课堂环境能使师生情绪高昂，教学活动呈现最佳状态，而消极、沉闷的课堂环境往往压抑师生的积极性，影响教学任务的完成。优化课堂环境要求有恰当的教室布置，协调的师生关系，教师和蔼的教态、精彩的教学艺术、灵活的教学方法，以及合适的设施和教具等。

（二）和谐的校园环境

校园环境是指学校内部的环境因素，包括文明礼貌、和睦融洽的人际环境，制度合理、纪律严明的管理环境，绿树成荫、整洁美观的校容校貌，以及学习条件、后勤保障等环境因素。政治教师通过与各位任课老师、班主任、共青团、后勤部门和学校领导的协调,创造和谐的校园环境,有利于培养学生正确的学习动机、学习态度和良好学风,提高学生自我教育、自我管理的能力。

(三) 适宜的家庭环境

家庭是学生成长的摇篮。父母是子女的第一任老师,他们的举止言行、兴趣爱好都是学生效仿的榜样,因此教师的教育离不开家长教育的支持和强化。我们虽然不能选择学生父母的举止言行、兴趣爱好及其教育程度、经济生活水平等家庭因素,但可以通过家访、家长会、家庭教育咨询等多种方式,协调好与学生家长的关系,调动家长教育子女的积极性,从而为高校思想政治课教学活动的顺利进行和教育效果的提高创造一个适宜的家庭环境。

(四) 优化的社会环境

学校与社会脉脉相通,教育学生不仅是学校的责任,也是社会的责任。学生直接生活和接触的街道、厂矿、部队、乡村和其他社会领域,对于学生的政治理论和思想品德教育具有直接影响,这就要求政治教师采取有效措施,建立互相协作的教育方式,形成社会教育网络,使学生在接受学校教育的同时,受到社会环境的正面影响和教育。

(五) 复杂的宏观环境

宏观环境包括国家的社会制度、生产力状况、文化科学发展水平、民族传统习俗与特点,以及国际的经济形势、政治气候等。这些环境因素虽然我们无法选择,但都会直接或间接地对政治课教学的质量与效果产生不同的影响与作用。因此,政治教师在教学过程中应不断提高自我素质,充分利用积极因素,自觉培养学生分清是非、辨别善恶的能力,引导他们积极、健康地发展。

总之,面对复杂的教学环境,政治教师必须从社会实际和学生思想实际出发,选择和优化良好的教学环境,以实现高校思想政治课的主体性教育。

第三节 主体教育思想与高校思想政治教育

一、高校思想政治课主体性教育

高校思想政治课主体性教育是要着力于帮助学生树立崇高的理想信念和科学的世界观、人生观、价值观，构筑坚固的精神支柱，也就是要帮助学生做到"四信"，即坚定对马克思主义的信仰，坚定对社会主义的信念，增强对改革开放和现代化建设的信心，增强对党和政府的信任；培养"三能"，即观察分析能力、社会实践能力和创新思维能力；以及"两感"，即树立社会责任感和政治责任感。因此，高校思想政治课只有实施主体性教学，贯彻主体教育思想，发挥学生学习高校思想政治课的主体性，才能把外在的马克思主义立场、观点、方法内化为学生的心理品质，形成对马克思主义和社会主义的道德情感，达到"四信"，培养"三能"，增强"两感"。

二、高校思想政治课教学贯彻主体教育思想的途径

（一）课堂教学是贯彻主体教育思想的主渠道

课堂教学是最生动的、最重要的实践，也是理论最生动的体现。能否实现素质教育的培养目标，最重要的问题是如何作用于学生，而最能作用于学生的莫过于课堂教学。课堂教学是高校思想政治课贯彻主体教育思想、实施素质教育的基本途径，是充分发挥教师主导作用和学生主体作用的主渠道。课堂教学是教与学相互统一的互动过程。在这个过程中，教师要在主体性教育思想指导下，以学生为主体，激发学生的自主性、能动性和创造性，通过学生主动学习，促进主体性发展。把主体教育思想贯穿于高校思想政治课教学的全过程，抓好备课、上课、练习、考核四个环节，是实施高校思想政治课主体性教学的基本做法。

备课要做到心中有主体。备课是实施主体性教学的前提。在备课时，

教师不仅要研究教材，更要分析学生实际，研究学生的认知规律、原有知识、思想觉悟等基本情况。这就要求教师平时要多与学生交流谈心，沟通思想，课前做问卷调查，摸清学生原有知识、思想状况，指导学生在预习的基础上提出问题，掌握学生对所学知识的疑点，使讲课更有针对性。

课上要做到激发主体。素质教育的主战场是课堂，主体性教学的关键和集中表现是上课。教师要运用适当的教学方法和手段，积极调动学生参与教学的主动性，发挥主体作用。在教学中，教师要精讲、少讲，多留一些时间让学生自主学习、自主探索新知识，并重点抓好"导"和"议"两个环节。让学生在课堂上发表意见或观点，互相争辩，探求真知。"导"即引导，从开课导入到引导学生学懂并掌握知识，都要以学生为主，教师只是引导。常用的方法是设置情景，如讲一个典型的故事，或引入一段时事材料，或举出某一个事例，让学生结合所学知识分析概括，得出要掌握的概念原理。"议"即课堂议论、讨论。教师讲解原理后，让学生自己对某一事例或社会时事热点进行分析议论，找到解决问题的方法。

练习要做到训练主体。练习是调动学生自主学习、巩固知识、提高能力、锻炼和体现学生主体性的重要环节。教师要抓好练习设计和练习讲评。练习设计可以由教师根据教材和学生实际设计，同时也要让学生根据所学知识，结合社会实际编制。练习要分层次、分类布置，让学生自主选择练习，体现学生主体的选择性。练习讲评可由教师讲评，也可由学生自评或互评，并加以订正，完善知识。

考核要体现主体。考试形式要多样化，以闭卷、笔试为主，开卷、口试或写小论文为辅，综合评定学生成绩。考试命题要多元化，以教师命题为主，也可向学生征题，调动学生积极性。这样，考试压力变为动力，可以推动学生自主学习积极性的发挥。

加强学法指导，使主体性教学落到实处，学会学习，使学生成为学习的主人。教育学家陶行知的"创造教育"理论指出，教师在教学中应正确处理教与学、教师与学生的关系，充分发挥学生主体作用。教是为了今后的不教。他认为，教的法子根据学的法子，怎样学就怎样教，教师的责任不在教，而在教学，即教学生学。好的教师不是教书，不是教学生，而是教学生学。因此，在高校思想政治课教学中，教师在研究教材法的基础上，更要研究学生的学法，探索学生学习马克思主义理论的基本规律，加强学法指导，从教法走向学法，重点指导学生学会预习、听课、复习，提高学习效率。教师指导学生通过自学进行预习，要求学生大致了解新课内容和思路，找出难点和疑点，提出问题，写出预习提纲和知识框架。预习要防止过粗、流于形式，达不到预习效果。要帮助学生掌握听课的技巧，要求学生做到上课思想集中，善于思考，特别要注意教师提出问题、分析问题和解决问题的逻辑思维，抓住上课重点，理顺知识点之间的关系。指导复习要帮助学生学会分析综合的方法，把所学知识结构化，找出知识的内在联系，并运用所学理论联系社会实际分析，既巩固知识，又提高学习能力。

（二）社会实践活动是贯彻主体教育思想的有效途径

理论联系实际是高校思想政治课教学生命活力所在。在新的历史条件下，要充分发挥高校思想政治课在社会主义精神文明建设中的作用，要培养适应社会主义市场经济和知识经济需要的具有主体意识的各种人才，就必须改革高校思想政治课教学形式，变封闭式为开放式，变单渠道为多渠道，变平面化为立体化，建立以课堂教学为基础，以社会实践活动为载体的课内外相结合的新的教学体制，探索研究性学习课题形式，开辟思想政治教学的空间，以实现高校思想政治课主体性教学的目标。

社会实践活动为学生创造了良好的环境和条件，加速了高校思想政治课的知识、能力、觉悟的转化，是充分发挥学生主体作用，实现自我教育和相互教育的良好形式，同时又发挥了社会教育的作用，有利于学生个性社会化。让学生走出课堂，深入到丰富多彩的社会实践中去，有更多机会将所学理论进行验证和运用。在活动中，学生成了理论联系实际的主体，他们会自觉运用马克思主义基本理论去分析、解决实际问题，寻求理论与实际的结合点，坚定马克思主义信念。社会实践活动为学生创造了一个生动活泼、自觉主动学习的环境，提供了施展才能的广阔天地。在活动中，学生有更多的学习和实践的自主权，通过亲身体验感受到自己是一个发现者、研究者、探索者，体验到智慧的力量和创造的欢乐，增强了自信心，同时激发了学生的求知欲，调动了学生主动学习的积极性。在社会实践中，学生根据自己的兴趣和特长选择学习实践的方式和内容，在丰富多彩的社会生活中主动探索自己感兴趣的问题，从事自己愿意从事的活动，充分体现了学生的主体性。可见，组织学生参加社会实践活动是高校思想政治课主体性教学最集中的体现，是培养学生学习主体性和社会主体性的有效途径。教师必须把课堂教学与社会实践结合起来，让学生走出学校小课堂，让学生亲身去感受体验，在实践中锻炼成才。

第四节 学生个体社会化与高校思想政治教育

一、个体社会化

主体教育思想实质上强调了作为主体的人的全面发展对教育的依赖。而人在本质上是社会的存在物，作为个体的人自始至终以社会性为其本质属性。所谓个体社会化就是指，作为社会成员的个体在其发展过程中通过与他人的交往，自觉接受社会多种因素的制约，学习并掌握其所在社会的社会规范，逐步形成与社会现实需要相一致的社会态度、价值观念、行为模式及人格特征，主动积极适应社会，成为社会合格一员，投身社会实践，并积极贡献于社会。

学校教育是实现个体社会化的主要途径。为此，教育自然承担着对青少年学生实施个体社会化的重要任务。高校思想政治课教学自然包含着对学生实施个体社会化的艰巨使命，是实现个体社会化的重要因素。高校思想政治课教学中的个体社会化，就是高校思想政治课教学工作者在个体社会化教育目标下，通过课堂教学、课外活动、社会实践活动等形式对学生施加社会规范、社会公共道德与文明、社会价值观念、社会发展需求等方面的影响，把一定的社会思想意识和道德规范转化成为个体的思想品德，以使个体的思想、政治和道德品质符合社会的思想、政治和道德品质要求，进而推动社会的发展和进步。

个体社会化实质上是一种公民意识和素质能力教育。通俗来讲，它要求作为个体的人应成为国家和社会所需要的合格公民。这是目前高校思想政治教育工作的最基本、最首要的任务。公民意识教育包括六个方面的内容。

（1）社会公德、法纪观念教育。社会作为千差万别的个人的集合体，公德、法纪是其规范各种社会关系和社会活动的基本手段，是形成良好社会秩序的基本保证。为此，作为社会性的个人，首先应自觉接受社会公共的道德规范、法律纪律的约束。

（2）协调与合作意识教育。个体社会化是由人所处的社会关系决定的。当今时代具有很强的社会合作性特征，大规模的集团性合作将成为知识经济时代的科研方式，各项工作都需要协作才能完成。为此，作为社会化的个人，必须能协调处理各种复杂的社会关系，并在各种社会活动中悦纳他人，与他人合作共处，以获得好的工作效益。

（3）社会责任感教育。社会的发展依赖于个人发展的推动。为此，作为社会的个人，应对自己负责、对他人负责、对工作和事业负责、对家庭负责、对民族国家负责、对人类前途负责，忧社会之所忧，干社会之所需，勇于承担起推动社会向前发展的责任，这是一个现代文明人应具备的素质。

（4）竞争和创业意识教育。我国还处在社会主义初级阶段，实现现代化、赶超世界先进水平的任务还很艰巨，还要依赖一代又一代人的艰苦奋斗。在市场经济高速发展的今天，社会各方面的竞争尤为激烈，它是社会向前发展的动力。加强对学生的竞争和创业意识教育，可以培养学生的自强不息、积极进取的精神，锻炼其创业所需的各种能力。

（5）爱国主义教育。在当前世界各国的社会制度、意识形态、价值观和生活方式不尽相同的背景下，国家是个人生存、发展的重要保证。为此，通过爱国主义教育来强化国家意识、国家观念，便成为实施个体社会化必需的内容。

（6）国际意识和全人类可持续发展观念的教育。随着世界经济全球化趋势的加剧，各国人民对全球经济、政治、文化、资源、生态等环境的依赖达到了前所未有的程度。为此，个体社会化应包含国际化、全球化这一较高层次的内容，它要求作为国际社会中的个体能对全人类的发展负责。

二、高校思想政治课教学在学生个体社会化过程中的作用

（一）从高校思想政治课教学的性质和地位分析

学校教育是指，承担国家和社会重任的教育者根据国家和社会的要求和受教育者身心发展的需要，凭借一定的手段，有计划地对受教育者施加影响，以期达到预定的教育目的的活动。就学校教育的目的和主要功能来说，就是要全面提高受教育者的素质，把学生培养成德、智、体、美、劳等全面发展，并能正确处理好个人与社会的关系，适应知识经济社会对人才的要求，且能为未来社会的发展做出贡献的人。

德育是指教育者按一定的社会要求，有目的、有计划地对受教育者心理施加影响，以培养教育者所期望的思想品德。我国社会主义德育就是把党和国家对青年一代的思想道德规范方面的要求转化为受教育者个体的思想品德的教育。高校思想政治课是对学生进行马克思主义等基本理论知识和社会主义政治、思想、道德、法纪等教育的课程。因此，它是一门以德育为主导的、德智统一的课程，因而在高校德育诸途径中居特殊的重要地位，是高校德育的主渠道。同时，高校思想政治课又是我国社会主义教育的重要标志，是教育坚持社会主义方向的重要体现。因此，高校思想政治课教学必须紧密联系实际，生动活泼地向学生传授马克思主义及其他社会科学的基本知识，提高学生的思想政治觉悟、道德情操和认识能力，真正在培养21世纪合格人才上有所作为。

就其本质而言，实现个体社会化就是要使当前社会共同推崇的政治准则、思想观点、道德情操、法纪意识和行为习惯内化为个体的内在品质，从而使个体适应社会发展的要求。它主要包括政治思想社会化、法纪观念社会化、道德意识社会化、行为习惯社会化和角色社会化等。不难看出，实现个体社会化是高校德育所倡导的，也是作为高校德育教育的主战场、主渠道的高校思想政治课所必须承担的一项重要任务，所以高校思想政治课教学必须以推进学生的个体社会化为己任，才能真正实现高校德育的目标与任务，才能把学生真正培养成为有理想、有道德、有文化、有纪律的社会主义事业的建设者和接班人。

（二）从高校思想政治课教学的主要途径分析

高校思想政治教育工作的途径多种多样，包括高校思想政治课教学和时事课；其他各学科教学；班主任工作；共青团、少先队、学生会工作；劳动与社会实践；活动课程与课外活动；校园环境建设；家庭教育；社会教育等。这些都是完成德育任务的重要途径。它们既有分工，又不可分割，相互配合，形成合力。这也必然对高校思想政治课教学同样提出了整体性和多样性的要求。

在知识经济时代，社会的发展瞬息万变。高校思想政治课教学在这样的外部环境下要完成自己的社会责任，就应该既立足于现实基础，又符合社会发展趋势，紧跟社会的变化，不断进行充实和调整，尤其在其内容和形式上要不断地以社会转型的内在要求为中心和主题进行变革和创新，以保证高校思想政治课教学既能尽快赶上国际先进水平，又能适应国内社会的各种变化，以提升人们思想意识的社会价值，真正服务于时代，这样能够使个体社会化工作从根本上有了永久的保证。

第六章　新时代高校思想政治教育的路径

对于高校思想政治教育而言，高校思想政治教育路径是非常重要的一个部分。在具体的教育实践中，高校思想政治教育工作者应注意教育路径的创新，采取科学的、行之有效的路径，促进高校思想政治教育的发展。

第一节　充分发挥课堂主渠道作用

大学生思想政治教育的主渠道是高校思想政治理论课。思想政治理论课的根本任务是对大学生进行系统的马克思主义理论教育，其主要是借助课程教学的方式，使大学生更加坚定自己的理想信念，树立正确的世界观、人生观以及价值观。在新的历史背景下，要想提高大学生思想政治教育的有效性，就必须加强思想政治理论课建设，使课堂主渠道的作用得到充分发挥。

一、思想政治理论课的重要性

思想政治理论课对高校思想政治教育而言意义重大，下面主要从高校思想理论课的功能与作用两个方面展开论述。

（一）思想政治理论课的功能

在高校思想政治教育中，思想理论课主要具有以下几个方面的功能：定位功能、导向功能、规范功能、认同功能。

1. 定位功能

当前，国际国内形势发生了重大变化，这一方面给大学生思想政治教育带来了有利条件，同时也使大学生思想教育面临严峻的挑战。这一挑战在当前高校大学生思想道德状况的复杂性上有非常明显的体现。例如，大学生道德价值取向呈功利化趋势，道德行为呈庸俗化倾向，对个人与社会、个人价值与社会价值之间的关系不能进行正确处理等。从根本上来说，这主要是因为大学生的人生价值观存在很大的不确定性。而思想政治理论课则可以帮助大学生树立科学的人生观、世界观。当这种人生观、价值观变为一种思维惯性的时候，人们在认识事物的过程中就会以此为前提，这对人们的思想观念与行为方式具有定位功能。这正体现了思想政治教育主渠道的作用。

2. 导向功能

人们对世界的基本观念与看法，以及人生态度与处事方式都是由其世界观、人生观和价值观所决定的。人生价值的取向是人生价值观念的核心，对人的活动方向起着引导作用。如果具有科学的世界观、人生观和价值观，那么其思维方式与行为方式都与社会发展需要相符。可以说，世界观与人生观和价值观是影响大学生的活动和行为因素中最根本的因素。大学生只有具有科学的世界观、人生观和价值观，他们才能形成正确的目标与方向。

思想政治理论课则主要是通过具体的教学来帮助学生逐渐形成科学的世界观、人生观和价值观，以引导他们的观念、认识、思维以及行为朝着正确的方向发展。

3. 规范功能

如今，社会的诸多方面日趋多元化，有必要提出人们追求价值所应遵守的规则与原则，使人们的行为依据一定的价值规范与价值尺度进行。当这些价值规范与价值尺度通过各种形式，如规章制度、风俗习惯等得到体现时，人们的思想与行为就会依据特定的轨道来运行，这样才能保证整个社会稳定、有序地发展。

就大学生而言，只有用社会主义价值规范与价值尺度来对他们的行为进行规范，才能将他们培养成为当今社会和国家所需的人才。

思想政治理论课是主渠道，应通过教学使学生了解并掌握社会主义的价值规范与价值尺度，并使之用以规范其自身行为，只有这样才能满足社会和国家的需求，推动社会主义现代化建设事业不断发展。

4. 认同功能

一个国家、一个民族的共同心理特点是由特定的世界观与人生观所决定的。相同的世界观与人生观具有很强的凝聚力，可以让人们对伦理道德、风俗习惯、生活方式形成一种认同感。这有助于使整个国家的民众凝聚起来，形成一种强大的向心力。

思想政治理论课可以通过教学，将社会主义现代化建设时期的价值观念植根于学生的头脑中，将学生培养为与社会和国家"同心同德"的社会主义事业的建设者和接班人。

（二）思想政治理论课的作用

高校思想政治理论课的作用主要体现在以下几个方面。

1. 有利于促进大学生个体的发展

高校思想政治理论课对大学生个体的成长与发展具有至关重要的作用。

（1）有利于塑造大学生的健全人格。个人相对稳定的心理特征的总和即为人格。个体健全的人格既是个体全面发展的前提，更是人的全面发展不可或缺的一部分。高校思想政治理论课可以通过课堂上的教学活动来帮助学生逐渐明确自己的奋斗目标，树立正确的人生观、价值观，并依据这种人生观与价值观行事。

除此之外，思想政治理论课还可以发挥第二课堂（即课外教学）的优势，通过组织丰富的课外活动来促进大学生的认知、态度、情感、行为的形成，力求使外在的社会要求转换为个体意识，进而由大学生将其转换为外在行为与行为习惯，从而最终有利于大学生健全人格的塑造与发展。

（2）有利于培养学生科学的思维方式。随着科学技术的迅速发展，信息量不断增多，这就要求个体不仅要提升个人素质、完善人格，同时还应具有科学的思维方式。科学的思维方式，即用科学的立场、观点和方法去认识和改造世界。①

思想政治理论课是以马克思主义理论的完整科学体系为依据而展开的，可以有效地促进人们形成科学的思维方式。思想政治理论课不仅有利于培养学生的抽象辩证思维方式，而且对学生养成理论联系实际、一切从实际出发的思维方式也具有积极的促进作用。

（3）有利于激励大学生个体前进的精神动力。在人类从事社会实践活动的过程中，一些精神因素会对人产生精神推动力，如思想、理论、理想、信念、情感、意志等，这就是精神动力。

目前，大学生的思想意识受到各种社会观念的影响，使得有些大学生对中国特色社会主义道路持怀疑态度，这在一定程度上挫伤了大学生投身社会主义建设的积极性与主动性。高校思想政治理论课的开展则有利于解决这一问题，激发大学生的精神动力。具体而言，思想政治理论课可以向学生阐释社会主义理论的产生、发展以及所取得的巨大成就，从而使大学生坚定对中国特色社会主义道路的信心；也可以借助相关教学案例，使大学生意识到要想实现人生价值，就应投身到社会主义建设事业中去，为社会主义建设贡献自己的力量。这有利于端正大学生的人生态度，启发他们的思想觉悟，从而使他们更加积极、主动地投入到工作与生活中去。除此之外，高校思想政治理论课通过理论知识与实践知识来培养大学生的智力与能力，使大学生的情感世界更加丰富，从而促进大学生自我意识与创造精神的发展。

2. 有利于高校美育工作的开展

大学生的思维十分活跃，充满活力，他们的思想领域复杂又敏感。鉴于此，高校思想政治教育课应具有针对性，以取得更有效的成果。

美育旨在将社会成员培养为博学、高尚之人，美育与思想政治教育有很大的关联。从某种意义上来讲，美育也是思想政治教育的一个组成部分，这主要是因为美育主要是对学生心灵美的内在教育，这一点与思想政

---

① 张禧，毛平，尹媛媛. 大学生思想政治教育实效性探究［M］. 成都：西南交通大学出版社，2014.

治教育的目的相似，二者的区别在于"心灵美"的范围和主体有所不同。由此可见，在高校思想政治理论课中，可以借助相关的美育内容来开展教学，从而提高大学生的思想境界，促进高校美育工作顺利进行。

3. 有利于稳定社会经济的发展

高校思想政治教育课除了具有政治作用，还具有经济作用，即有利于稳定社会经济的发展。

学生是思想政治理论课的对象，提高学生的综合素质，使学生获得社会生存与发展能力是高校教育的重要任务。在社会经济活动中，人可以说是最为活跃的因素，在经济发展中发挥着关键性的作用。高校思想政治理论课应致力于培养爱岗敬业、乐于奉献的经济主体，这对我国经济的发展十分有利。如果学校培养的学生在进入社会之后缺乏进取心，抱着得过且过的心态工作，显然不利于我国经济的发展。

二、思想政治理论课存在的问题

目前，我国高校思想政治理论课存在一些问题，在一定程度上阻碍了高校思想政治教育的发展。下面就对高校思想政治理论课存在的问题进行具体分析，从而有针对性地解决这些问题，提高教育的有效性。

（一）教师方面存在的问题

教师在思想政治理论课中主要存在以下几个方面的问题：

1. 舍本逐末

此外，"本"指的是思想政治理论课教材中的主要内容；"末"指的是思想政治理论课教材中没有但却不可或缺的内容。有时，为了提高学生学习的积极性，教师会在思想政治理论课的教学过程中增加一些教材中没有的内容。但有部分教师过多强调"末"，而忽略了"本"，这对教学效率的提高极为不利。

2. 重言传，轻身教

很多教师认为，对于思想政治理论课而言，只需口头宣传党的理论、方针、政策即可。实际上，教师的"身教"更易于被学生接受，可以取得不错的效果。然而，目前在思想政治理论课中存在教师言行不一的情况，这不利于激发学生对思想政治理论课的兴趣。

3. 自导自演

师生之间的互动对思想政治理论课来说具有十分重要的意义。但是，就目前的思想政治理论课而言，大多时候，课堂教学只是教师的"独角戏"，教师只是一味地讲授，学生却无动于衷。部分教师认为，师生互动就是"提出问题—回答问题"，只是单纯地提出问题让学生回答，而对学生的知识基础与关注焦点漠不关心。

（二）学生方面存在的问题

在高校思想政治理论课中，学生方面的问题主要体现为以下几个方面：

1. 认可度不高

受西方一些所谓的"自由""人权"思想的影响，部分大学生不认同马克思主义理论。有些学生在实用主义的影响下，认为思想政治理论仅仅是空洞的口号、理论；有些学生因为社会中出现的一些问题或表面现象，而怀疑社会主义体制，不认同思想政治理论课中的教学内容。在思想政治理论课的创新中，一些学生对创新并不感兴趣，对新的教学方法与途径也不配合。这些是不认同感的具体体现。

2. 积极性不高

目前，学生对思想政治理论课的学习普遍存在积极性不高的情况。有部分学生，如果教师不点名，则很少去教室上课。还有一部分学生，即使去了教室上课，也不认真听课，要么是看其他类的书，要么是趴在桌子上睡觉，要么是玩手机等，课堂秩序较差。此外，即使教师在思想政治理论课上对教学形式与内容有所创新，依然有部分学生没有兴趣学习，表现得漠不关心。

3. 无法坚持到底

相关调查显示，有部分学生刚开始时对思想政治理论课具有较大的兴趣，在课堂上认真听讲，积极回答问题，并且在课后也能按时完成教师布置的任务。然而，随着时间的推移，学生的学习积极性大大降低，在课堂上常常表现得漫不经心，或做其他与课堂学习无关的事情。学生对思想政治理论课的兴趣无法坚持到底，很多时候课堂教学变为教师一个人的"独角戏"。

（三）教学管理方面存在的问题

思想政治理论课在教学管理方面的问题主要包括如下几个：

1. 管理制度缺失

中宣部、教育部为思想政治理论课设立独立的教学机构，然而很多高校却将其归为二级或三级机构，较低级别的机构难以决定课程的开设或课程的设置。此外，教师往往只上公开课，很少参与学生的学习与生活，缺乏对学生的了解，这样思想政治理论课就成为单纯地讲授知识，思想政治教育的功能无法得到充分发挥。

2. 教学安排不合理

目前，高校存在教学安排不合理的问题。很多高校都将专业课安排在上午，而思想政治理论课则安排在下午或晚上。学生在一上午或一天的学习之后很容易感觉疲劳，不利于提高思想政治理论课的学习效率。由此可见，这种教学安排虽然降低了教学成本，但是并不能取得理想的教学效果。

3. 教学规模庞大

近年来，随着高校普遍扩招，各专业在校人数也日益增多。相应地，思想政治理论课的班容量也进一步扩大，但是思想政治理论课的教学却并没有进行相应的补充。此外，思想政治理论课属于公共必修课，通常是几个不同专业的学生同时上课，上课人数往往有上百人，多则达数百人，教学规模过大，对讨论教学方式的开展以及师生互动都非常不利。

三、提高思想政治理论课实效性的途径

根据前面的分析可知，当前的思想政治理论课的现状不容乐观。如何

切实提高思想政治理论课的实效性是教师面临的一个重要课题。以下就对提高思想政治理论课实效性的途径进行探索。

（一）加强学科建设

学科建设是思想政治理论课课程的基础。思想政治理论课教育教学所依托的学科具有很强的政治性、科学性、实践性，是我国特有的一门学科。要想提高思想政治理论课的实效性，应首先重视对学科的建设。一是深入学习马克思主义基本原理，尤其是有关思想政治教育的直接论述。马克思主义经典与中央文献对思想政治教学中的基本问题都有非常精辟的论述，涉及各个方面的内容，如目的任务、主体客体、方针原则、方法途径、队伍建设、机制体制等。应对其进行认真梳理与深入研究，用其来指导实践，在新的实践中不断充实与发展。二是理论研究应以我国改革开放与现代化建设的实际问题为中心，注意将理论研究与服务实践紧密地结合起来。三是注重对思想政治教育的创新。具体而言，应坚持以人为本的方针，致力于促进社会全面进步与人的全面发展。一方面，要尊重人、理解人、关心人；另一方面，要教育人、引导人、激励人。注重教育者与受教育者主体性的发挥，从而实现教育与自我教育的统一。四是注意思想政治教育研究方法论问题的重要性。马克思主义理论研究的方法论问题是随着马克思主义的创立而创立的。在马克思主义方法论体系中，最根本的世界观与方法论是辩证唯物主义与历史唯物主义，主要包括一切从实际出发，具体问题具体分析，历史与逻辑相一致，理论与实践相结合等。

（二）创新教学方法

教学方法是教学过程的一个关键环节。要想提高马克思主义理论的说服力与感染力，采取行之有效的教学方法是十分必要的。思想政治理论课教学方法改革创新应依据一定的原则，主要包括如下几点：一是科学性与方向性统一原则。思想政治理论课教学方法的创新应坚持马克思主义、社会主义以及集体主义方向，通过科学的理论武装人，采取科学的方法培育人。二是理论与实践相结合原则。思想政治理论课教学方法的创新应注意做到理论与实践相结合，用理论指导实践，结合学生的思想实际与专业实际。三是教师主导与学生主体联动原则。思想政治理论课教学方法的创新应充分发挥教师的组织者、指导者作用，激发学生参与教学过程的积极性与主动性，促进学生自我教育能力的提高。四是正面教育与积极疏导相结合原则。思想政治理论课教学方法的创新不仅要考虑多元文化的大背景，同时还应注意消除学生的困惑，从而帮助学生形成正确的世界观、人生观与价值观。

在遵循上述原则的基础上，教师可以采取一些有效的教学方法。下面选取讨论式教学法与启发式教学法加以介绍。

1. 讨论式教学法

所谓讨论式教学法，指的是教师组织学生围绕教学主题或既定的话题进行讨论，以班级或小组为单位，在讨论的过程中相互启发，产生更多想法和认识的一种理论课教学方法。

讨论式教学法有其自身的优点：第一，课堂气氛比较活跃，有利于调动学生学习的积极性和主动性，提高学习的效率；第二，有利于培养学生的独立思考能力，同时使学生对所讨论的问题有一个更深刻的认识与理解；第三，有利于学生提高自我认识和自我评价的自觉性；第四，通过对教师布置问题的讨论，可以分清是非、纠正错误、取长补短、集思广益，有利于培养学生的思维能力、表达能力、分析与综合的能力。

讨论式教学法与学生的认知和求知要求相符，是思想政治理论课中一种常用的方法。在思想政治理论课教学的过程中，讨论式教学法的运用应注意以下问题：一是做好课前准备。教师的课前准备工作十分重要，教师应设计好各种讨论方案，给学生布置将要讨论的问题，使学生有充分的准备时间。二是精心设计所要讨论题目。讨论题目的设计会对课堂讨论的质量和效果产生直接的影响。设计到位的讨论题目不仅能收到启发诱导、举一反三的效果，还有利于激发学生学习的兴趣。三是组织好和指挥好讨论过程。这要求教师做到以下几点：在形式上可采用同桌讨论、前后桌讨论、小组或班级讨论等方式；要把自己摆在与学生平等的位置上；要始终坚持实事求是的原则，坚持以理服人，用事实说话；要鼓励学生积极思考，给予正确的引导和疏导；对讨论中出现的问题要及时解疑和纠正，保证讨论任务的完成。四是加强对讨论的引导，重视对讨论的评价。在讨论式教学法中，学生是讨论和参与的主体，教师在整个讨论过程中起着重要的引导作用。同时，教师要在讨论结束之后对讨论结果进行总结，并得出最终结论，合理评价学生与讨论的结果。

2. 启发式教学法

启发式教学法是教师根据课程教学目的、内容、学生的思维状况，综合运用各种教学手段，以充分调动学生课堂参与积极性为目的的一种方法。启发式教学法是引发学生思维的重要手段。通过教师的启发，学生对材料的感性认识上升到理性认识，在接受知识的同时提高思维能力。

在思想政治理论教育课中也常采用启发式教学法。在具体的运用过程中，教师应注意以下几个方面。

（1）了解学生。在思想政治理论课中采用启发式教学法应首先做到对学生的了解。教师要重点了解学生的知识基础和思维水平。

知识基础是学生听懂教师讲授内容的一个重要元素。心理学理论认为，教师讲授的内容应比学生现有的知识水平要高，通过传授知识，达到扩展学生认知范围的目的。

思想政治理论课的教学对象是具有一定思维水平的大学生，但是由于专业限制，学生的思维方式存在很大的差异，因此在教学过程中，教师应将学生的思维方式考虑进去。

（2）安排教学内容，注意教学艺术。启发式教学法以教学内容与教学艺术为载体。在教学内容安排的过程中，教师应结合大学生的思维方式与知识基础来重新安排教学内容的顺序，如有必要，可适当增添相关的教学案例。此外，教师还不能忽视教学的重要性，可以通过提问、举例、板书、激励等方式激发学生进行积极思考，从而获得相关的个性化知识。

（3）布置课外作业。思想政治理论课教学的目的是使理论内容植根于学生的头脑中，嵌入进学生的认知中。而学生认识的深化需要通过课外学习来完成。课外学习是课堂教学的延伸与补充。教师应注意给学生布置课外作业，使学生开展课外学习，通过在课外查找相关资料完成对学习内容的反思。

（三）培养学生良好的学习兴趣和心理状态

学生是高校思想政治教育理论课教学的对象，培养学生的学习兴趣是高校思想政治教育工作的一个重要方面。

众所周知，兴趣是最好的老师。培养学生的学习兴趣首先要引导学生学会正确归因和获得成就，这样才能保证学生不排斥高校思想政治理论课的内容。此外，思想政治理论课教师应注意为大学生搭建一个完整的理论框架，引导学生发现该理论框架在生活中的实际作用，使学生意识到对理论的学习可以使生活变得更有意义，以此来激发学生对思想政治理论课的兴趣。

（四）加强教师队伍建设

加强教师队伍建设，提高教师的素质与能力是高校思想政治理论课建设的关键。作为一名思想政治理论课的教师，除了要具备全面扎实的专业知识，还应具备多学科的基础知识，并且具有整合知识的能力。具体而言，高素质教师队伍的建设可从以下几个方面着手：一是加强教师的职后教育。一方面，要给教学提供学习提高的机会；另一方面，还应对教师提出更高的要求，促使教师不断更新自己的知识结构。二是教师除了要上好必修课，还应承担一门公共选修课的教学与科研工作。通常，思想政治理论课的教师工作量相当大，有很多教师常年仅仅教授一门必修课。这对教师知识与潜能的全面展示与发挥非常不利，同时使教师缺少提高与发展的动力。三是构建科研团队，提高科研能力。科研团队的构建可以以中青年业务骨干教师为带头人，确定好几个研究方向，从而构成教学科研队，针对某一研究方向或领域展开研究。所有任课教师应结合自己的知识结构、兴趣以及研究特征来选定教学与科研的主攻方向，确保所有教师目标明确。这有利于中青年教师科研潜能的发挥，提高他们的进取心与科研能力。

（五）建立科学的考核评价体系

考核评价系统是对思想政治理论课教学质量进行判断的一个重要手

段。高校思想政治理论课教学的评价体系要结合高校思想政治理论课的教学目标，从教学过程的各个细节入手，引导教师有效地开展相关的教学活动，以全面提高大学生的思想素质。

思想政治理论课教学考核旨在提高教学的有效性，而非提高分数。因此，不能仅仅使用传统考试的方法对高校思想政治理论课进行评价，而应采取多元化的考核评价方式。例如，可以是教师评价学生，也可以是学生评价教师，还可以是社会评价学校等。

第二节 充分发挥校园文化的作用

高校校园文化是社会主义先进文化的一个重要组成部分。充分发挥校园文化的作用有助于推进高校思想政治教育的发展，加强和改进大学生的思想政治教育，全面提高大学生的综合素质。

一、校园文化的内涵

校园文化是一种群体文化，具体是指教师与学生在共同参与教学过程、科研活动、社会服务、生活娱乐等实践活动中构建与认同的一整套价值观念、行为方式、语言习惯、制度体系、知识符号等的集合体。

校园文化是学校在长期教学与实践中逐渐形成的特定的精神环境与文化氛围，既包括物化形态的内容，如校园建筑设计、校园景观、绿化美化等，也包括学校的传统、校风、学风、人际关系、心理氛围、集体舆论，还包括学校的规章制度，以及学校成员所形成的非文明规范的行为准则。可以说，校园文化是彰显该校学生思想观念区别性的标志，是学校最生动、最鲜明的名片。

二、校园文化的作用

校园文化对高校思想政治教育发展而言具有十分重要的作用，具体包括导向作用、凝聚作用、激励作用和陶冶作用。

（一）导向作用

校园文化对师生具有导向作用，其主要是通过内在文化要素的有机结合，引导师生主动接受和吸收积极正确的价值观与行为准则，使师生朝着学校的发展目标与人才培养目标而共同努力，从而形成一种与之相适应的环境与氛围。

校园是高校师生工作和学习生活的主要场所。奋发向上、积极进取的校园文化氛围有助于学生树立符合时代和社会要求的人生观和价值观，使其在今后的人生中能知情喻理，自强不息；反之，庸俗乏味、碌碌无为的文化氛围则会极大地阻碍学校对人才的培养。

因此，校园文化建设应注重充分发挥其导向作用，在树立正确的政治观、思想观念以及道德准则的基础上，倡导全校师生形成一种以创新为导向的校园文化氛围。这是高校自身不断发展进步的时代选择，同时也是学校培养人才的有效途径。

（二）凝聚作用

根据社会心理学的观点，凝聚力指的是"使群体成员保持在自己群体内的吸引力和向心力，是个体对群体及其成员的情感表现"。[①] 校园文化具有极强的凝聚力，将师生团结在学校周围，并对学校产生一种归属感和认同感，立足于学校的生存与发展，将自我发展同学校的发展紧密结合起来。

虽然校园文化所包含的价值观念、理想信念、行为规范、思维范式等看不见、摸不着，但是师生会自觉地按照学校的主导价值观及学校的共同行为准则去工作、学习和生活。

良好的校园文化环境可以使身处其中的师生时刻感受到集体的温暖。教师爱护学生，学生尊敬师长，同学之间互相帮助，互相关怀，这样的氛围催人上进，使师生员工团结起来，共同努力推动学校的发展。

---

① 张禧，毛平，尹媛媛. 大学生思想政治教育实效性探索 [M]. 成都：西南交通大学出版社，2014.

就思想政治教育而言，其要求人们具有同一政治目标，并为实现该目标而努力奋斗。而共同的信仰与信念则是建立共同政治目前的前提，因此校园文化只有使师生具有相同的信仰与信念，才能使思想政治教育的作用得到充分发挥。价值观对人的信仰与信念具有决定性的作用，因此校园文化应致力于帮助师生形成共同的价值观，同时用这种价值观来引导师生团结起来，从而真正发挥思想政治教育的作用。

（三）激励作用

高校校园文化不仅能在一定程度上使师生的合理需求得到满足，还可以适时地设置一定的奋斗目标，激发师生的积极性，这就是校园文化的激励作用。优秀的校园文化通过共同的办学理念与校园精神来激励师生不断奋进，不断攀登新的高峰，起到催人奋进的作用。

校园文化的激励作用主要体现在良好的校园环境和积极向上的校园活动上。第一，校园环境是校园文化的一个重要部分，对个体具有潜移默化的影响，身处特定环境中的人只有首先融入该环境，才能与其他人和谐相处。思想政治教育的有效实施也需要将环境因素考虑在内。一个和谐融洽的氛围对教育的实施以及效率的提高都具有促进作用。第二，校园文化活动如果采取多种多样的形式以及健康的内容，则有利于激发人们对祖国、社会、学校的热爱，激发人们生活与学习的热情，增强人们的集体荣誉感，从而使师生树立共同的目标，充分发挥他们的积极性、主动性以及创造性，形成充满朝气、开拓进取的良好风气。

（四）陶冶作用

校园文化可以创造一种精神氛围与文化环境。这一氛围与环境可以对学生产生持久的影响，从而感染学生、陶冶学生。

思想信念、道德情操以及行为习惯的形成都离不开特定的社会环境。大学师生长期生活于大学校园文化中，必然受到校园文化的影响。校园文化的陶冶作用更多的是隐性的、风细雨式的。校园文化通过高品位的文化景观、丰富多彩的文化活动，将积极健康向上的文化元素直接或间接地施于师生，给人以耳濡目染、潜移默化的熏陶。

三、校园文化建设的有效途径

高校校园文化建设应以文化为载体，致力于精神文化的塑造，形成大学校园文化的新格局，从而促进大学生全面、健康、和谐发展。具体而言，校园文化建设主要可以采取如下途径。

（一）全方位建设校园文化

全方位建设校园文化是致力于实现校园物质文化建设、制度文化建设以及精神文化建设的协调发展。

1. 物质文化建设

校园的物质文化指的是校园内以物质形态存在的基础设施建设。校园物质文化既包括校内环境，如校园内的各种建筑风格、教学区和生活区等的分布情况、绿化、校园道路等，也涉及校园周边环境，如校园周边的建筑风格、绿化、交通状况、服务场所等。虽然学校不能改变校园的周边环境，但是学校应与社会相关方面联系，从而营造一个更加和谐的校外环境。在物质文化建设过中，高校应做到使校园整体布局科学、合理，注意校园的绿化区，教学区、生活区等建设合理，尽可能使这些有形的文化形式带给人赏心悦目的感觉，使身处其中的学生放松心情、陶冶情操。校园物质文化除了要有美丽的形式之外，更重要的是要富有内涵。例如，高校可以在公共场所或教室内张贴名人警句，在校园合适的位置设立名人雕塑等。

总体而言，高校应注重校园物质文化的建设，加大对校园文化的"硬件"设施投入，充分发挥校园中各种文化载体的作用，增强大学生思想政治教育的影响力和辐射度。

2. 制度文化建设

高校应注重对校园制度文化的建设，进一步建立并完整各项规章制度。校园制度文化建设主要应满足以下一些基本要求：高校的管理体制、组织机构、教学科研模式、生产生活模式和课程设置等符合国家法律法规和教育方针、社会伦理道德、学校具体情况和学生的发展实际；要以社会主义核心价值观为指导，以导向性、科学性、政策性、稳定性为原则；要注重人文关怀，体现人性化；要将以德治校和依法治校结合起来，把人的因素放在首位。

高校还应重视制度的实施。学校在建立了各种规章制度之后，并不意味着形成了制度文化。当制度与校园文化结合起来，并内化为师生的自觉行为准则后，制度文化才得以形成。因此，高校应注重制度的实施，采取有效的措施，使这些制度得到落实。

3. 精神文化建设

高校的精神文化是在长期的校园物质文化、制度文化创造过程中积淀、整合、提炼出来的。校园精神文化主要包括学校所有成员的群体意识、舆论氛围、精神风貌、人生态度、心理素质、价值取向、人际关系、思维方式和教风学风等。精神文化体现了一所高校的整体面貌、水平、特色、凝聚力、感召力以及生命力。

在具体的实施过程中，学校可以将道德教育体现在校训、校歌、校徽、校标上，以一种奋发向上的精神激励大学生，这其实也是一种校风建设。学校还可以引导大学生形成自我教育的习惯，尊重学生的首创精神，使良好的校风浸染每个大学生的心灵。

（二）精心组织校园文化活动

校园文化活动是校园文化的一种突出表现，同时也有利于营造校园文化的氛围。高校应注意组织各种类型的文化活动，鼓励学生积极参与到这些活动中去，使学生的潜能得到发挥，丰富学生的课外文化生活，陶冶学生的情操。

校园文化活动的组织应注意弘扬主旋律，贴近大学生的生活，同时体现时代性。具体而言，可以从如下几个方面着手。

1. 组织思想政治类教育活动

思想政治类活动是提高大学生思想得到素质的有效途径之一。例如，可以借助一些重大庆日活动和纪念日，如五四青年节、七一建党日、十一国庆节等，使学生学习井冈山精神、长征精神、延安精神、雷锋精神等，从而有助于学生对中国民族文化传统与民族精神有一个更深刻的认识与理解，并将这些文化传统与精神传承下去。

2. 组织文艺活动

文艺活动是校园活动中十分常见且受师生欢迎的一种活动形式。文艺活动的开展有利于丰富学校的文化生活，营造校园文化氛围，展现学生的风采，愉悦学生的身心。高校组织文化活动可以采取多种形式，如文娱体育赛、辩论赛、演讲会、歌咏比赛、艺术节等。

3. 组织学术科技活动

学术科技活动属于校园文化中的高层次活动。积极组织学术科技活动，可以使学生在课堂上所学知识得到进一步深化与扩展，有助于学生创新精神与实践能力的培养。具体而言，学生科技活动可以采取多种形式，如学术讲座、科技成果展、科技创新大赛等。

总之，高校开展上述校园活动，对充实学生的精神生活、陶冶学生的情操、升华学生的道德境界具有积极的促进作用。

（三）坚持中国传统文化与西方文化融合发展

随着社会生活国际化程度越来越高，各种社会观点不断进入，西方文化越来越被大学生所熟悉并接受。高校校园文化建设可以在大力弘扬中国传统文化、宣传主旋律的基础上，结合西方优秀文化，推进校园文化建设。

1. 积极弘扬中国传统经典文化

中国传统文化是指以中华文化为源头、中国境内各民族共同创造的、长期历史发展所积淀的文化。

随着市场经济的不断发展，当代大学生的价值观也越来越表现出"市场性"，而忽略了中国传统文化。在高校校园文化建设中，应注意引导学生接触、学习和了解中国优秀的传统文化，使其中有价值的文化指导学生的思想意识、价值观念、行为模式等。总之，高校在建设校园文化中应注重弘扬中国传统文化，从而为和谐的文化生态与良好的校园风尚奠定坚实的基础。

2. 借鉴西方文化

在弘扬中国传统文化的基础上，高校校园文化建设还应注意引导大学生正确认识西方文化，在借鉴西方优秀文化的同时，避免大学生对西方文化的盲目崇拜。具体而言，可以采取以下措施：一是加强国际交流，开展国际学术交流与合作。为适应国际化发展要求，高校可以主动创造条件，增加出国留学与来华留学的人数，积极开展国际学生交流与合作。二是吸收西方文化的精髓。在高校校园文化建设中，应积极把握西方主流文化的精髓，使其与中国传统文化有机起来，相互补充，从而提高校园文化建设的有效性。

（四）建立科学的校园文化评价体系

高校校园文化建设是一项极其复杂的工程，也是摆在高校面前的一项重要课题。要想切实提高校园文化建设的效果，就有必要增强校园文化的目的性、针对性、自觉性，建立一套科学的校园文化评价体系，以对校园文化建设加以指导与规范。高校校园文化评价体系主要包括指导思想、组织领导、基本条件、实施过程、实施效果、制度建设、文化特色等方面的内容，这些内容要与高校思想政治教育的内容与要求保持一致。

具体而言，高校校园文化评价体系的建立应注意以下一些问题：一是建立专门的领导小组与评价机制，确保校园文化建设的重点与实施，使校园文化建设朝着正确的方向进行；二是在重视文化社会建设的同时，还应注重队伍建设，考核的主要内容应包括思想政治理论课骨干教师队伍以及学生工作队伍的状况；三是要强调校园文化建设规划情况，统筹兼顾，稳步推进，要确保校园文化建设与实施的制度与措施具有可行性。

随着办学实践与育人过程的不断发展，高校校园文化建设也随之发展，如何从高校思想政治教育视角对高校校园文化建设进行考察与探讨，还需要通过更多的实践来总结经验，找出规律，实现创新发展。

第三节　充分发挥社会实践的作用

人的认识活动是实践—认识—再实践—再认识的过程。就高校教育而言，社会实践是思想政治教育中的一个重要组成部分。通过社会实践，有助于大学生对社会与国情有更深入的了解，增强其社会责任感，做好投身社会主义建设事业的准备。高校应充分发挥社会实践的作用，在大学生思想政治教育工作中进一步加强高校社会实践载体的建设。

一、社会实践对高校思想政治教育的重要性

社会实践对高校思想政治教育的重要意义主要体现在两个方面。

（一）有助于提高大学生的思想政治素质

在我国高校教育教学体系中，思想政治教育是培养大学生的思想政治素质的主要途径。高校思想政治教育的基本原则是坚持理论教育与实践教育相结合的原则。理论教育即思想政治理论课，实践教育即社会实践，二者相辅相成，是高校思想政治教育中必不可少的两个方面。

目前，我国正处于社会主义初级阶段，社会主义市场经济体制正在不断建立与完善，人们的思想观念也发生了很大的改变。目前，受外来文化等因素影响，在我国存在多种多样的价值观，这就需要大学生投入社会实践，通过社会实践对这些价值观进行辨别，不断摸索和寻找思想政治教育与新时代精神的契合点。

社会实践更加多样化，更注重理论与实际的结合，历史与现实的结合，力求使学生受到多方面的教育。社会实践强调教育要与社会现实相符，这有助于学生剔除思想中与实际不符的因素以及错误的观念，帮助学生确立新理想、新目标、新追求，树立正确的世界观、人生观和价值观；同时，引导大学生通过理想与现实的联系，合理选择，这既有助于其个性发展，又符合社会需要。

（二）有助于提高大学生的综合素质

当前，我国的大学生通常为 18~23 岁，处于生理上基本成熟、心理上快速发展的时期。通过参加社会实践，学生可以更好地认识并了解社会，更好地体验生活，逐渐培养社会责任感，树立社会角色意识，不断提高社会适应能力与交往能力，这对其社会化成长具有重要的意义。

社会实践对大学生综合素质的提高十分有帮助。大学生只有将课堂上所学的知识经过社会实践的锤炼，才能实现知识的内化，提高个人素质。具体而言，大学生通过参加社会实践可以提高。基本素质，包括提语言表达能力、社会交往能力、搜集处理信息能力、组织协调能力等；提高人文素质，包括理想信念、人格情操、意志品质、审美情趣等；提高职业素质，包括职业道德修养、职业技能、岗位胜任能力等；提高创新素质，包括创新精神、创新能力。

二、高校思想政治教育社会实践创新的途径

社会实践为高校思想政治教育的开展提供了新的途径，要想保持与提高社会实践的实效性，有必要采取一些有效的途径。

（一）注重对大学生社会实践的宏观管理

加强大学生社会实践的宏观管理，主要应从以下几点展开：建立领导机制，建立指导机制，建立激励机制，建立保障机制。

1. 建立领导机制

首先，应建立校、院（系）两级领导机构，并以此为基础，建立并完整领导机制，其中应包括责任制、督查制、报告制等。不论是哪种类型的社会实践，都应对责任部门与责任人予以明确，从而形成齐抓共管、一级抓一级、层层抓落实的局面。

对校级领导机构而言，其应在以下环节发挥主动性作用：明确责任分工、优化资源配置、协调工作冲突、进行督促检查、开展专题培训等；对院（系）级领导机构而言，其应在以下环节发挥关键作用：策划部署、人

员配备、考核评定、社会实践基地建设等；对于教学管理部门而言，其应抓好属于"第一课堂"的专业实习类、军事训练类社会实践活动；对于学生管理部门、党群组织而言，其应抓好属于"第二课堂"的生产劳动类、社会调查类、勤工俭学类、科技服务类、志愿服务类和挂职锻炼类社会实践活动。

2. 建立指导机制

社会实践活动质量的提高离不开高水平的专业指导。因此，建立校、院（系）两级指导教师团队十分必要。指导机制建立之后，还应予以进一步的完善。一是要加强课程建设，建立和完善大学生社会实践培训课程体系及课酬制度，促进校级指导教师团队的知识化和专业化。二是要建立大学生社会实践指导教师进修培训制度和活动补助制度，推进院（系）指导教师团队建设。

3. 建立激励机制

大学生是社会实践的最终受益者。因此，要想提高社会实践活动的实效性，首先应确保学生积极主动地参与其中。以"学生在社会实践中获得了什么"这一问题为出发点，建立相应的激励机制，将学生的"要我参加"转变为"我要参加"，真正发挥社会实践的作用。

4. 建立保障机制

考虑到组织开展社会实践活动需要一定的成本，并且具有一定的风险，因此有必要建立相应的保障机制。具体而言，可以采取以下措施来规避风险：一是建立学校、学生和社会三方共同参与的多元投入机制；二是建立社会化的风险保障机制；三是购买商业保险。

（二）推进大学生实践基地建设

实践基地是专门为学生社会实践而建立的一个基地或者机构。大学生社会实践基地的建设可以从社会实践、科技实践、创业实践三个方面推进。

1. 社会实践基地

社会实践基地的建设具体可以从以下两个方面着手进行。一是可以结合区校、村校、校企共建服务活动，在区县、农村企业建设基地。二是可以以院系、班级等组织为单位，就近建立实践基地，可在不同的实践队伍与不同的实践对象之间建立长期的合作关系。

2. 科技实践基地

高校可以结合科研项目，如大学生科普志愿者进社区等，在校园内建立大学生科学创业中心，作为科技实践基地。此外，为了巩固科技实践基地，高校还可以开展各种形式的科技文化活动。对完成一定创新实践且取得成果的大学生，高校应组织相关专家进行审核认定，同时可适当奖励学分。这对大学生学习科技知识、提高科技创新能力十分有利。

3. 创业实践基地

高校在满足大学生创业实践的基本要求的同时，还应注意通过系统创业教学的开展，对学生进行创业知识培训，引导学生将所学知识运用于创业活动。同时，高校相关部门应积极与社会相关企业联系和合作，为大学生创立创业实践基地。学生可以将个人的创意想法与计划在创业实践中加以运用，从而提高学生创业的积极性，实现理论与实践的结合。

（三）注重社会实践与其他教育方式的结合

社会实践作用的发挥还应注意与专业教育、家庭教育等教育方式的结合，形成教育合力，提高教育的实效性。

1. 社会实践与专业教育的结合

社会实践应注意与专业教育相结合。高校教育的一个重要特点就是专业教育。高校思想理论教育工作者可结合大学生所学专业的特点，将专业知识巧妙地融入社会实践，根据学生的专业与实际水平等，有针对性地开展各种社会实践活动，促进所学专业知识与社会实践紧密结合。

2. 社会实践与家庭教育的结合

社会实践还应注意与家庭教育结合起来。就价值观形成的过程而言，家庭环境与家庭教育起着最基础的作用。因此，为了学生的健康成长与成才，家长应担负起监管与教育的责任，充分发挥家庭教育的作用，确保学生的人格与心理健康发展。一是家长应注意发挥榜样作用。家长应以身作则，以文明的言行、高尚的情趣来营造一个健康向上的家庭氛围，为子女树立榜样。二是家长应注意加强与子女之间的沟通。在日常生活中，家长与子女之间的沟通非常重要。通过沟通，家长可以了解子女的所思所想，这样才能有针对性地解决子女的心理困惑，帮助他们明辨是非，引导其形成良好的思想品质与正确的行为规范。三是家长应采取科学的方式来教育子女。在平常的教育中，家长应结合子女的具体问题，采取科学、宽容的教育方式进行积极引导，切忌使用体罚、打骂等粗暴方式。

第七章　新时代高校思想政治教育的发展

进入新时代，随着信息技术以及跨学科理念的引入，高校思想政治教育也在不断变化。首先，互联网的发展与普及对高校思想政治教育是一柄"双刃剑"，机遇与挑战并存：一方面，网络为高校思想政治教育提供了丰富多样的途径与手段；另一方面，网络又充斥着大量消极信息，带来虚拟空间的新交流方式，对大学生世界观、人生观和价值观的形成造成复杂影响。高校思想政治教育如何面对这一新形势，已经成为高校德育工作者必须回答的历史性课题。其次，随着改革开放的深入和社会主义市场经济体制的建立，人们的思想观念也日趋复杂，出现了许多新情况和新问题。在这种新形势下，如何提高高校思想政治教育的科学性和有效性，已成为一个亟待解决的现实课题。由于人的思想形成和改变要经过复杂的心理活动，因而分析和研究人的心理活动过程，并根据心理活动的规律来开展高校思想政治教育，是提高高校思想政治教育科学性和有效性的必要途径。基于此，本章就从信息网络化与心理健康视角来分析新时代高校思想政治教育的发展。

第一节　信息网络化与高校思想政治教育

一、信息化的内涵

（一）信息化的概念

信息技术是现代科技的重要组成部分，其从20世纪80年代开始就给人类的生活方式带来了巨大的影响。信息技术进入人们的生活,使人际往来的时空限制被打破,全球各国、各民族、各地区都因为信息技术的出现而联系得越来越紧密,也正因为信息技术的出现,全球共建"地球村"的美好愿景可一步步实现。全球各国借助信息化手段而相互联系,友好往来,各种不同的价值理念、民族文化相互交流、融合。可见,信息技术产生与发展的意义不是简单地停留在传播工具的更替和现代传媒的快捷上,它成为人类构筑网络社会的重要基础,使得人类的思维方式和生活方式都发生了重大的改变,并改变了人们的价值观念。

最初提出信息化这一概念时,人们将其理解为信息产业化,而社会信息化被视作信息产业化的目标。日本学者后来又对"信息化"的含义做了详细的解释,并指出构建社会信息化的宏伟目标,而当信息产业在社会中居于支配地位并产生巨大的社会影响力时,才算真正进入了信息社会。后来有关学者深入研究了信息化的相关概念,如信息革命、信息社会等,这些研究提高了人们对信息化的认识,并对进一步研究信息化概念具有重要启示意义。

(二)信息化时代的特征

1. 信息传播数量多

全球化时代的到来使得知识、信息的传播不仅数量多而且速度快,而进入信息化时代后,数量变得更多,速度更快,已经成为人们必须面对的客观现实。在信息大量传播中,人们从多个视角理解信息,从而促进了人类价值观念、思维方式的多元化。

2. 信息传播速度更快

信息化时代背景下,信息传播不仅海量,而且速度飞快,信息的飞速传播使得全世界的重要新闻可在第一时间被各国人民知晓,人类进入了信息全球化时代。世界各国、各民族的信息在全球范围内加速传播,五花八门的信息在人类共建的"地球村"相互整合、交汇,被世界各地的人传播、分享、评价。人类是生产信息的主体,也是接收和消费信息的受众,现代传播媒介越来越多样化,越来越发达,同一信息可能同时传播到世界各地，被世界人民共享，具有鲜明的即时性特征。

人类传播信息、进行信息交流与互动的速度越来越快，大众传播媒体（如电视、广播等）的发明与流行使人们能够快速掌握世界各地的信息，而计算机网络的出现为人们的远程交流与互动提供了良好的平台，人类的时空距离被消除。

3. 人类生存空间的网络化

人类的时空距离因为信息技术的出现而不断缩小，互联网的出现使得地理上的距离限制被打破，人们可以随时随地进行远程交流。网络已经成为人们生活中不可缺少的一部分，人类的生存生活空间因网络的出现而得到了拓展。

4. 人类的交往方式多元化、交往空间扩大化

当前，世界经济格局、经济增长方式因信息技术的发展而彻底改变。网络经济社会正是因为信息技术革命形成的。人类的交往方式受到了信息化的重要影响。信息技术的革新使人与人之间的交往越来越便捷，基于信息技术而形成的交往方式比传统交往方式更多元和高效。

信息技术的发展也促进了很多社交软件的产生，如脸书、微博、微信等，这些具有即时性，人们时时刻刻都能在第一时间将自己的最新动态分享在平台上。

全球化、电子化、智能化、非群体化等是信息化的重要属性，正因如此，全球性、虚拟性、开放性和交互性等成为人们在信息化时代交往方式的典型特点，人际交往空间也因此而一步步扩大。

二、网络高校思想政治教育的实施

网络高校思想政治教育一定要强化主动性，积极探索提高教育效果的基本规律。任何舆论空间不会出现真空，作为一种新兴的传播媒介，互联网已经成为各种政治、文化势力争夺的新阵地。高校思想政治教育必须正面出击，巩固网上的马克思主义阵地，增加主流意识形态与主旋律的声音，这样才能有效实现网上的正确舆论导向。从高校培养社会主义建设者和接班人的角度出发，大力建设网上高校思想政治教育阵地，切实推动高

校思想政治教育方法创新，其重要性丝毫不亚于学科建设、科研队伍培养，这需要引起各级组织和领导的高度重视。面对新的形势、新的机遇和挑战，改进和创新高校思想政治工作，既要坚持继承优良传统，又要尊重客观实际，适应时代发展要求。要从战略高度来认识改进和创新高校思想政治工作的重要性，要积极推进信息网络技术的发展和信息网络技术的应用，主动迎接互联网对高校思想政治工作提出的新挑战，大力推进高校思想政治教育进网络的工作，切实加强和改进网络高校思想政治教育。在新形势下，利用互联网加强高校思想政治教育要把握以下几个规律。

（一）坚持进行马克思主义理论的宣传和教育

互联网是新形势下出现的新的思想战线。如今的互联网已经成为国际意识形态斗争的新战场。大力推动高校思想政治教育进网络，在网络空间进行马克思主义理论的宣传和教育，可以有效掌握当代高校思想政治教育的主动权，让互联网成为新时期高校思想政治教育的有效载体。

网络高校思想政治教育面临世界范围的多元意识形态挑战，必须结合新情况，加强马克思主义的宣传和研究。马克思主义不仅是社会主义国家的指导思想，更是人类社会发展的科学阐述，其理论力量不因某种新技术的出现和资本主义意识形态的挑战而黯淡，相反，越是面临复杂的斗争与崭新的变化，越能凸显马克思主义的真理性与指导性。理论越彻底，越有说服力。为了增强马克思主义的说服力，网络高校思想政治教育应该注重按照"弘扬主旋律、提倡多样化"的原则，不简单禁止、堵塞、回避某种意见，而是要采用多种观点的比较分析，旗帜鲜明，有理有据，将理论问题讲透、挖深。真理越辩越明，马克思主义也是在与各种错误思潮作斗争的过程中形成的。不要怕不同的声音，重要的是以正确的声音说服不正确的声音，让正确的声音成为网络传播领域的主旋律。

（二）坚持理论教育、舆论引导与文化熏陶相结合

互联网的开放性、交互性、匿名性为网民自由讨论提供了良好的空间，思想交锋、情绪宣泄、信息发布都成为网络使用的重要内容。在网络高校思想政治教育中，要充分利用网络交流、传播的特点，将理论教育舆

论引导与文化熏陶结合起来，实施全方位的教育。

无论网络信息如何海量，搜索技术如何先进，在开展网络高校思想政治教育方面，始终无法取代高校思想政治工作者的地位。为了厘清模糊、错误观点，高校思想政治工作者要有意识地组织、传递理论信息，帮助受教育者分析、理解纷繁芜杂的信息；要强化某些积极信息，促进正确舆论导向的形成。信息网络的硬件和软件本身不具有阶级性和意识形态性，但是经它所传播的信息，相当一部分带有政治倾向性、意识形态性。开展网络高校思想政治教育，必须对网上不健康、不正确的内容进行及时、坚定的斗争，要使正面的声音成为网络信息的主旋律，要用健康、正确的信息，形成强大的说服力和引导力。

在网络高校思想政治教育中，理论教育、舆论引导、文化熏陶密不可分，既形成一个教育方式的整体，又各自有所侧重。理论教育的主要任务是保持网络空间坚定正确的政治立场，舆论引导的主要任务是保持网络空间健康向上的交流氛围，文化熏陶的主要任务是保持网络空间形成稳定的教育土壤。

为了形成有效的网络高校思想政治教育，要大力开发正确、活泼的意识形态和民族信息资源，要扶植更多的高校思想政治工作和宣传文化机构进入网络，不断增大具备高校思想政治教育信息的输出。按照理论建设、舆论建设和文化建设的要求，让中国特色的先进文化特别是先进意识形态在网上形成主流，建立起中华民族文明和社会主义先进文化的传播基地。从工作目标上来说，不但要积极抵御外来错误意识形态和文化的侵袭，更要让全世界看到中华民族坚定走自己的道路、全面建设小康社会的精神风貌和伟大实践。

（三）坚持教育内容的客观性、说理性

在网络时代，信息渠道高度多样化，群众获取信息的方式越来越多元，因此任何缺乏客观性和说理性的观点都不会得到积极的响应。随着社会文明、市场经济的发展，群众对民主的要求也越来越高，任何居高临下的教训都会招致反感。在这种情况下，高校思想政治教育，尤其是利用互联网开展高校思想政治教育，一定要注意发扬民主，尊重人，理解人，关

心人，采取平等讨论的方式，摆事实，讲道理，用客观的讲理与平等的态度来争取信任与依赖。人的思想从根本上来源于客观世界，其形式是主观的，其内容是客观的，正确思想产生的前提是具有客观的认识源泉。高校思想政治教育要引导受教育者树立正确的思想，首要的条件是要提供客观的认识对象。在网络高校思想政治教育中，能否提供客观的事实直接决定了高校思想政治教育效果的持久性。

高校思想政治教育的任务不是用歪曲事实来达到目的，而是给受教育者提供认识各种事实的科学方法，如果忽略了方法，不尊重事实，就会丧失教育内容的客观性，让高校思想政治教育失去效用。在实际操作中，一些高校思想政治工作者求全思想根深蒂固，对这种夸大化的宣传教育方式非常习惯。即便在信息高度发达的今天，这样的典型思想教育内容仍时有出现：用主观想象代替客观事实，用文学手法记述现实存在。这类内容不但起不到宣传的效果，反而让受众对教育者敬而远之。

（四）坚持严格管理与道德自律共抓

在严格实施管理、进行网络信息规范立法的同时，要防止"泛制度化"倾向，将加强网络道德建设作为重要手段。通过倡导网络文明行为，开展网上"环保"工作，努力形成一种健康的、是非分明的、扶正祛邪的网络环境。通过宣传教育途径，提高网民的思想水平，培养高尚情操，使上网者能够以强烈的责任感来推进网络的健康发展。真正发挥人的能动性，不断提高人的素质和整个社会的公德，增强人的责任感、道德感，对于推进网络健康发展具有重要意义。网络秩序、网络文明并不是单纯靠行政命令建立起来的，而是建立在人们自觉自愿地遵守一定的道德规范基础上的。

在网络高校思想政治教育中，严格管理和道德自律如同鸟的"一体两翼"，不可偏废。一方面，要加强对网络特别是校园网的管理，健全和完善规章制度，规范网络运行，有效地促进网络管理步入科学化轨道。另一方面，加强网络文化和道德的宣传教育，创建健康的网络环境。任何社会都有一定的道德规范和标准，网络也不例外，网络用户必须意识到网络道德规范的存在。通过"网德"教育，倡导道德自律。事实上，只有将网络操作中的"网风"建设、"网德"教育与严格的法规建设及实施结合起米,才能真正起到树正气、讲正理的良好网络氛围。

高科技的发展为社会的各方面提供了新的机遇,这种机遇是否能转化为实际的功效关键看各方面是否能主动掌握,积极建设。信息网络技术本身是一项中立的技术形式,其意义效用都是不同的使用主体所赋予的。在网络空间的意识形态斗争中,高校思想政治工作者既要摆脱对现代信息技术的畏难情绪,也要避免对现代信息技术的轻视态度,以传播马克思主义理论价值的执着追求,力争将理论的真理性与技术的高效性充分结合,开辟高校思想政治教育的新空间。

第二节 心理健康与高校思想政治教育

一、大学生心理发展

心理发展是指个体随年龄的增长,在相应的环境作用下,整个反应活动不断得到改造,日趋完善、复杂化的过程,是一种体现在个体内部的连续而又稳定的变化。①

大学生处于迅速走向成熟而又未真正完全成熟的发展阶段。他们的心理既具有青年的一般心理年龄特征,又有其特殊的心理年龄特征。他们的心理年龄特征主要表现在如下几点。第一,生理发育成熟已达高峰。从大学生的生理发育来看,身体的各器官机能已日臻成熟,肺活量、脑重量、脑细胞的分化机能、高级神经活动的第一信号系统和第二信号系统的功能、性机能等已达到成人水平,身体的成熟已接近完成,生理发展已达人生的高峰值。第二,智能发展已达高峰。大学生的智能发展接近或达到一个"顶点",以抽象逻辑思维为核心的各种认识能力已有相当的发展,有的正处在巅峰状态。思维方式已完成了由经验型向理论型的转化,抽象逻辑思维的形成标志着青年大学生智能发展已经成熟。第三,情感迅速发

---

① 全国十二所重点师范大学联合编写. 心理学基础(第2版)[M]. 北京:教育科学出版社,2008.

展。大学生新的需求不断增加，某些强烈的需求容易激起强烈的情感反应，内容也会更加丰富。第四，意志的目的性和坚持性得到进一步发展，克服困难的主动性和自制力增强，表现出较强的毅力和信心。第五，自我意识进一步发展，表现出独立意向增强，追求自我。关心个性成长，努力塑造自己的形象，设计自我模式，追求自我的完善。自我评价能力和自我控制能力大为提高，自尊心和自信心增强，这标志着大学生的自我意识的发展已基本成熟。第六，富有理想，兴趣广泛，人生观基本形成。

（一）心理发展的根本动力

任何事物的发展都有其动力和条件。唯物辩证法认为，矛盾存在于一切事物的发展过程中，事物发展的根本原因不在事物的外部而在事物的内部，在于事物内部的矛盾性。外因是变化的条件，内因是变化的根据，外因通过内因而起作用。大学生心理的发展也是如此，有其自身发展的动力，这个动力就是它自身的内部矛盾。什么是内部矛盾？目前对此尚没有一致的看法。一般认为，人在活动中不断出现的新的需求和原有的心理发展水平之间的矛盾是心理发展的内部矛盾，这种内部矛盾就是心理发展的根本动力。对大学生而言，他们在积极参与各种活动中，学校、教师、家长和社会等外界环境向他们不断提出各种各样的要求，由此引起他们内心的各种新的需求，而这种新需求与他们原有的心理水平之间的矛盾便构成其内部矛盾，这一矛盾在一定的环境和教育条件作用下变化发展，推动着大学生心理不断向前发展。

（二）需求与心理发展

大学生的新的需求是他们心理发展的内部矛盾中比较活跃的因素。当今，大学生的需求种类很多。从需求的起因来说，有生物性的需求，也有社会性的需求；从需求的对象来分，有物质需求，也有精神需求。他们的各种需求具有一些共同的特点。（1）对象性，指需求总是对一定事物的追求，有其指向的客体。（2）紧张性，指在追求新需要的过程中，常常具有紧张的体验。（3）驱动性，指新需求一旦出现，就会成为一种支配行为的驱动力，成为寻求满足的力量，推动人去从事某种活动。（4）起伏性，指需求的强弱因各种原因而发生变化，不会始终保持同样的强度。

由于需求的这些特性，它在构成人的心理发展的内部矛盾中总代表着新的、比较活跃的一方。新的需求可能是健康的，也可能是不健康的；新的需求的水平可以有高有低。人为了满足新需求，就要去从事一定的活动，而当完成这种活动要求有比原先更高的心理水平的时候，这种心理水平就会同原有的心理水平之间产生矛盾。为了实现新需求，就必须使原有的心理水平达到高一级的水平，从而就促使新的心理品质和特点的产生。可见，人们在活动中不仅会不断出现新的需求，而且也会不断地去解决它同原有的心理水平的矛盾。大学生的心理就是在这种不断解决新的需求与原有的心理发展水平的内部矛盾运动中发展的。这种内部矛盾运动就是心理发展的动力。

然而，新需求与原有心理水平之间互相依存，但相互对立，构成了一对矛盾，这种内部矛盾经过矛盾运动，其结果可能出现两种情况：一是在新需求的促动下，原有心理水平得以提高，达到新需求所要求的水平，促成二者的暂时统一，促使心理水平前进一步，从而提高了水平；二是新的需求产生动摇，被原有的心理水平否定，心理水平仍保持在原有状态，二者仍处于暂时的统一状态。但在一定的情境下，新的矛盾又会产生，出现新的矛盾运动。

（三）心理发展的特点

大学生的心理发展是以其生理发展为基础的，在与环境的交互作用中实现的。大学生的心理发展特征主要表现在以下几个方面。

1. 大学生的智力发展

在心理学中，智力有各种定义，而威克斯勒的定义为较多的人所接受。他认为，智力是个体有目的行动，合理的思维，有效地对付环境的总和的或是全面的能量。智力构成的主要因素有观察力、注意力、记忆力、思维力、想象力，等等。其中，思维力是其核心。健全的智力是这几种因素达到一定水平的和谐发展。大学生的智力活动水平已基本达到成熟阶段。

（1）注意力。注意力是能把自己的心理活动根据实际需要集中与指向某种事物的能力。大学生的注意力可连续维持160分钟左右，并能根据需要及时地把自己的注意力转向新的对象。因此，大学生可连续2~3小时学习同一门课程或进行半天实验，并经过适当的休息后又能投入学习活动。

（2）观察力。观察是有一定目的、有组织的、持久和主动的知觉。全面、正确、深入观察事物的能力称为观察力。大学生能比较全面、比较精确地知觉事物，有仔细观察物体和现象的能力，能洞察物体和现象的本质，确定客观事物的特征以及它们相互之间的关系，即在观察过程中将感知过程和逻辑思维结合起来。大学生还能从整体上把握对象，抓住重点，进行系统的观察。观察力的发展为高年级大学生从事独立的科学研究和发现科学规律准备了条件。但是，大学生的观察常带有主观性，有时观察到的不是客观呈现的东西，而是他所希望的东西。

（3）记忆力。记忆力是对信息的输入、贮存、编码和提取的能力。美国著名心理学家桑代克在对886名夜校学生的学习记忆能力进行研究后指出，最佳的学习记忆年龄为20~24岁。大学生的逻辑记忆力在大学时期仍在继续发展。根据琼斯和康拉德斯的研究，逻辑记忆在20~25岁时达到高峰，随后便出现下降。日本大西城一郎的研究表明，逻辑记忆到17岁时才急速发展，之后持续上升。

大学生能吸取大量信息，进行大容量记忆的学习活动。高校课程多，需要贮存的信息量大，为了记住各种有关的知识，大学生可以编提纲、做卡片和图表等方式进行学习，以增强随意记忆的能力。

（4）想象力。想象力是对表象进行加工改造、创造事物新形象的能力。不同大学生的想象的强度和清晰度存在着差异。切合实际的和准确的想象促使大学生能更好地理解教材，尤其在研究复杂的技术及图像时，想象的作用更为重要，例如工科院校的工程图靠直接知觉是不可能完成的，一幢高楼大厦的蓝图、一台新机床，没有充分的想象力也是不可能设计出来的。

（5）思维力。思维是人脑借助于语言对客观事物的本质及其规律的概括和间接的反映。思维力就是人脑通过实践活动，运用比较、分析、综合、归纳、演绎等方法形成概念、做出判断并进行推理的能力。大学生思维的主要特点为运用抽象概念进行理论思维的能力大大加强。当大学生的抽象思维发展到一定程度时，可离开具体事物，自行提出假想，自行推理论证。大学生独立思考，以多种方式解决问题的发散性思维能力增强。在解决问题时，大学生不满足采用简单的、人所共知的方法去解决，而是寻求变异，探索创新，在学习和科研活动中表现出创造性地解决问题的能力。但是，也存在有的大学生思维不灵活、死记硬背的现象，有些大学生还缺乏独立思考和解决问题的能力。

2. 大学生的情感发展

大学生的情感具有青年期的明显特点。被称为"青年心理学之父"的霍尔曾用"疾风怒涛"一词来形容青年时期的情绪特征，这是最恰当不过的了。大学生情感的主要特征表现为如下几点。

（1）情感强烈，容易冲动，带有明显的两极性。大学生可以表现出为真理和正义而献身的热忱，但同时也可能因盲目的狂热或一时的冲动而做出一些不够理智的事，追悔莫及。例如，有的大学生在买饭时因加塞受到指责而"一时火起"，以拳相对，或因失恋而恼羞成怒，甚至绝望轻生。他们总是以自己的情感体验去衡量别人，因而对自认为受到不公正待遇的人深表同情。

（2）情感丰富、复杂。大学生的兴趣爱好日益广泛，生活和交际范围也逐步扩大。对自己喜爱的对象、活动表现出热衷，对自己信服的人和关心自己的人表露出钦佩、羡慕或感激。大学生易为学习、工作以及爱情方面的收获而自我陶醉，也会因所受挫折而烦躁不安。大学生在与异性或其他亲密友伴交往中往往易受激情支配，成为情感的奴隶，以致超越正常健康的友谊而不能正确对待。

（3）情感不稳定，有多变性，且具有持续性。大学生对自我的情绪具有一定的控制能力，但比起成年人，情绪的波动仍很明显，容易从一个极端走向另一个极端。在苦闷时，受到鼓舞则精神振奋；热情很高时，碰到令人烦恼的事就马上灰心丧气，情绪低落。身体上的不适，同学间关系紧张，学生干部的落选等常会引起大学生情绪较大的波动。在不同年级，情绪不稳定的大学生比例是不一样的，低年级多而高年级少。另外，大学生的情绪在时间上比少年和儿童有更长的延续性。大学生的心境在快乐时与焦虑不安时对事物的反应有明显的不同，如考试成功、受到表扬奖励等引起的愉快心境会扩散到各种事物上，令其精神振奋，干劲十足，学习效率提高；相反，因考试失败、学生干部落选等引起的忧愁和不快心境会使其无精打采，萎靡不振，对什么都不感兴趣，干什么都没有劲头。

（4）大学生的情感外显形式和内隐的体验有时不一致，显示出含蓄、内向的特点。大学生对某件事情本来很在意或很厌烦，但由于某种原因，可以表现出不在意或是较好的态度。例如，男女生之间本来很爱慕，愿意接近，但由于自尊心或客观情境的限制，有时会故意回避或故作冷漠。这是大学生自我克制或自我调节能力增强的表现。

大学生道德感、美感和理智感等高级情感在大学教育与社会环境的影响下不断增强。

道德感是根据一定的社会道德标准，对他人或自己的行为进行道德评价时所产生的体验。大学生经过系统的马列主义思想教育及社会实际生活的锻炼，各种正确的道德观念在头脑中形成。大学生鲜明的道德感在许多场合下不同程度地表现出来：爱国主义情感使一些大学生为振兴中华而刻苦学习科学文化知识；义务感使他们走向社会，从事为人民服务的活动；友谊感使他们喜欢交往，关心他人，注意团结，同学之间结成深厚的友谊；对于破坏他们自己所接受的行为规范产生不能忍受的内疚感。大学生的道德感虽然基本上是健康的，但也有一些不健康的东西，如有的大学生缺乏责任感和义务感，只想向社会索取，不愿为社会奉献等。

理智感是一种强烈追求和探索知识与真理的高尚情操。大学生的理智感进一步发展，认识到思维过程是一种享受，体验到克服思维困难后的欢乐，产生自觉的创造等。由于大学生积极的智力活动，出现了一种积极的智力情感复合体，它由激动、惊讶、满意、兴趣等体验所组成，在智力活动遇到严重的困难情境而又可能克服的条件下产生。这种克服困难的智力活动而产生的愉快和满足提高了紧张度，同时又成为以后积极从事独立工作的心理刺激因素。但在大学生的学习活动中，也可能产生消极的智力情感复合体，如不满、失望、愤怒、沮丧、无能为力等，这往往是由于学习方法不适应、不能完成学习任务等而引起的。这说明，建立积极的智力情感复合体十分重要，它能使大学生的理智感得到进一步的深化。

美感受审美观点所制约，是对事物的美的体验。大学生美感的范围显著扩大，对美的感受比较敏锐，他们的美感已有较高水平的发展。主要体现在：喜欢欣赏各种文艺作品，把自己的情感投入其中，并用一定审美标准去欣赏评价，受其感染，从中得到满足。大学生喜欢游览名胜古迹，接近大自然。大学生的心灵美感已达到了一定的水平。不少大学生在看待一个人时，不仅仅着眼于外貌，还能从心灵上加以评价和赞赏。大学生已有明显地美化自己的意向，并形成一定的自我美感，比较注意装饰，以适当美化外貌；在人际交往中注意文明礼貌，以美化行为。

3. 大学生的意志

大学生行为的自觉性、果断性、坚定性和自制力都有较高水平的发展。其主要特征表现为如下几点。

（1）大学生的自觉性普遍提高。自觉性是指人在活动中能够清楚地意识到行动的目的及其意义，使自己的行动服从于社会的需要，从而达到既定目的。大多数青年大学生具有远大的理想，正是这种理想使他们形成了一定的学习动机和目的，明确学习的意义，因而增强了学习的自觉性。但有些大学生学习的自觉性还不够，这主要是由于他们学习目的不明确，只从个人利益出发，只求将来能得到"铁饭碗"，因此学习不努力，贪图安逸，得过且过。

（2）大学生既具有果断性的优良品质，但有时又容易表现出草率从事的缺点。果断性是指能迅速地估计所发生的情况，立即做出决定，并且毫不迟疑地去执行决定。大学生一般都热情高，干劲大，敢想、敢说、敢干，不因循守旧，处事果断。但有时在果断处理问题的同时，往往轻举妄动，草率行事，不考虑后果。

（3）大学生的坚定性逐渐增强。坚定性是指为了实现既定目的，不屈不挠、坚持不懈地克服困难的一种精神。大多数大学生在学习、生活和工作中表现出坚忍不拔的毅力，顽强地、持久地进行学习活动。但有些大学生的坚定性较差，在学习、工作中遇到某种困难就畏缩不前；有的大学生在活动中见异思迁、虎头蛇尾，随便中断活动。

(4)大学生由于自我意识的发展,其自制力较中学生而言大大增强。自制力是指一个人在意志行动中善于控制自己的情绪、约束自己的言行的能力。自制力表现在两个方面:一是善于促使自己去执行已经采取的决定,战胜妨碍决定的因素(如犹豫、恐惧、怯懦、懒惰等);二是善于在实际行动中抑制消极情绪和冲动行为。不能克制自己是意志薄弱的表现。大多数大学生基本上可以控制情绪,使情绪服从于理智,可以排除外界干扰,调节注意力、思维等认识活动,维持稳定的情绪。在日常学习和生活中,凡不利于学习和工作的消极情绪都可以用自控力加以克服,使自己的行动服从于理智的要求。但也有一部分大学生的自控力较差(这在大学一年级新生中较多),在学习活动中不能控制自己的情绪和行动,因而出现学习效率下降,学习成绩降低。因此,良好意志品质的培养和锻炼对于大学生来说有特殊的意义和迫切性。

4. 大学生的个性

大学生的个性心理特征已基本形成,处于相对的稳定状态。个性心理特征一般包括个性倾向性(动机、兴趣、理想、世界观)和个性的静态特征(气质、性格、能力等)两个方面。本章只对大学生的气质、性格和能力予以讨论。

(1)大学生的气质。气质指的是一个人心理活动的动力特征。所谓心理活动的动力特征,是指心理过程中发生的强度、灵活性和稳定性等。气质使人的全部心理表现染上一种浓厚的色彩。它不仅表现在人的情感活动(如体验的强弱、变化的快慢等)和意志行动(如言行的力量、速度)上,而且也表现在认识(如思维的灵活性、感受性大小等)上。人的气质特点在不同情境、不同活动中都会表露出来,它所指的仅仅是心理活动的动力特征,而不涉及个人精神生活的内容。人的气质并无好坏之分,每一种气质既有积极的一面,也有消极的一面。气质只影响人们智力活动的方式,并不决定一个人活动的社会价值和成就高低。每种气质的人都可以在事业上有所成就,或者成为伟人和天才。

(2)大学生的性格。性格是表现在人的态度和行为方面的比较稳定的心理特征。比如,有的人大胆泼辣、简单急躁;有的人聪明好强、敢想敢干；有的人善良憨厚、勤劳刻苦。它反映了一个人对周围世界、对劳动、对他人、对自己的态度，是个人稳定的态度体系和习惯化的行为方式。性格主要是在社会生活实践的过程中形成的，是人的个性心理特征的重要方面。人与人之间的个别差异首先表现在性格上。在日常生活中，我们常常讲到人的个性，实际上主要是指人的性格。

人的性格结构十分复杂，许多心理学家从不同侧面研究性格分类。一是机能类型说。这种学说按照理智、情绪、意志在性格中的优势，将性格类型分为理智型、情绪型、意志型三种。理智型的人用理智衡量一切和支配行动；情绪型的人情绪体验深刻，举止受情绪左右；意志型的人行动目标明确，积极主动。二是向性类型说。这种分类是最普遍采用的，即按个人倾向于外部世界还是内部世界，把人分为外倾型和内倾型。外倾型的人的注意力和兴趣倾向于外部世界，开朗、活泼、善于交际；内倾型的人的注意力和兴趣集中于内部世界，富于想象，较为孤僻。三是独立顺从类型说。按个体独立的程度，把人分为顺从型和独立型。顺从型的人独立性差，易受暗示，往往屈从于权势，照别人的意见办事，不善于适应紧急情况；独立型的人有坚定的个人信念，善于独立思考，在困难紧急情况下不张皇失措，能独立发挥自己的力量，喜欢把自己的意志强加于人。

以上对人的性格区分是相对的。还有一些心理学家按照性格的多种特性的不同结合，把性格分为不同类型。例如，卡特尔把性格特征分为16种类型。

家庭、学校和教育对人的性格的形成起着重要的作用。由于每个大学生自身基础条件不同、知识经验不同以及个人的主观努力不同，从而形成不同的性格。

大学生的性格结构十分复杂。由于大学生是在社会主义制度下成长起来的，长期的马列主义思想教育使他们养成了热爱祖国、热爱中国共产党、热爱社会主义制度的良好性格。他们关心祖国的前途、社会的发展，热爱集体生活、乐于助人，大多数人自尊、自重、自爱。此外，由于大学生多在顺境中成长起来，因而他们中的大多数人热情，具有乐观向上、积极进取的良好性格。另外，大学生思维敏捷，理论思维占据主导地位，辩证思维成分不断扩大，思维的独立性和批判性迅速发展；大多数大学生都具有明确的学习目的性，自觉性、自制力较强，因而能够完成繁重的学习任务，在学习过程中表现出果断、镇定、坚韧不拔等优良性格。但有些大学生由于家庭成员对其的溺爱和放纵，以及学校只重视智力的发展而忽视了良好性格的培养，所以养成了比较消极的性格特征。例如，有些大学生在对待集体和他人的态度常常是不合群的，对参加集体活动不感兴趣，比较孤僻，苛求别人，更不善于团结别人；缺乏自觉性和自制力，面对困难时怯懦、退缩，缺乏持之以恒的精神；在劳动上，劳动观点差，比较懒惰，不愿打扫教室和宿舍卫生。总的来说，他们表现出高度的个人中心化，难以承受挫折。然而，人的性格是可以改变的。俗话说"江山易改，本性难移"，是指人的态度和行为类型具有某种惰性，但并不是不可以改变的。理想、信念、世界观对性格具有决定的作用，而青年时期正是这些意识倾向形成的时期，因此，在这一时期，性格也往往发生急剧的转变。青年大学生可以通过自我修养或自我教育的方式，克服消极的性格特征，形成良好的性格。

（3）大学生的能力。能力是人顺利完成某种活动所必需的、直接影响活动效率的个性心理特征。

能力总是和活动相关联。能力实际上就是个体从事活动的能力。例如，学习能力、认识能力、组织能力、社会适应能力、数学能力、音乐能力等，都是指从事相应活动的能力。能力表现在相应的活动中。在其他条件相同的情况下，同一个年级的学生掌握一门学科的知识和技能的快慢、难易、深度和巩固程度不同，这就是个人能力上的差别。

能力与素质、知识、技能有区别。人不是生来就具有某种能力。生来具有的只是机体的某些解剖和生理的特点，其中最重要的是神经系统、大脑的特点。这些形成人与人之间的天生差异的解剖生理特点叫作素质。素质是能力形成和发展的物质和自然前提。能力是在素质的基础上，在环境和教育的影响下，通过个体自身的活动而发展起来的。

能力与知识、技能既有区别，又有密切的联系。能力是在掌握知识和技能的过程中形成和发展起来的；而一定的能力又是进一步掌握知识和技能的必要条件，能力的发展可以促使人们更好、更有效地掌握知识和技能。一般来说，知识越丰富，技能越全面，能力发展就越好。但知识和技能不会自然而然地转化为能力，能力的发展较之知识与技能的掌握要慢。大学生要成为社会发展所需要的德才兼备的人才，必须具备有下列基本的能力。

一是系统学习能力。系统学习能力包括基本学习能力、自学能力、表达能力和动手操作能力。基本学习能力是指大学生顺利完成规定的学习任务的能力，包括有效地听课、记录、分析、整理听课笔记，认真地完成作业、论文，有计划地预习、复习、准备考试，以及基本的应考能力等。每个大学生都具有基本学习能力，只是存在一定的差异而已。自学能力是指在教师的指导下，不依赖教师，独立、有效地进行学习的能力。大学生在学习过程中逐步掌握独立学习的方法，能够大量而有效地阅读、写读书笔记及制作资料卡片，并善于搜集、提取、加工信息，不断地使知识得到更新，从而独立思维能力增强。自学能力强的学生能很快地适应大学学习生活，合理地安排学习时间，学习效率高，能较好或很好地完成繁重的学习任务。但有些大学生只停留在接受学习的方式中，只满足于课堂听课和完成老师留下的作业，自学能力较差。还有的大学生（在大学一年级新生中较多）不会独立思考，对教师依赖性大，当遇到问题找不到老师咨询而自己又不会独立解决时，就会出现对学习的厌倦情绪。大学生通过反复的实践、积累，在教师的指导下其自学能力随着年级的升高而增强。表达能力可分为口头表达能力和书面表达能力。学习中的口头表达包括讨论发言、回答问题、讲演、辩论等。书面表达包括文字、图表、数字表达等。大学生的口头表达能力和书面表达能力随着年级的升高逐步增强。动手操作能力是指大学生专业学习中所必须具备的动手能力和实验能力，如实习、实验操作、绘图、使用计算机、进行社会调查等能力。大学生在学校实验室进行的各种实验，实际操作计算机及制图基本功训练等，都是旨在培养动手操作能力。在大学期间，大学生的动手操作能力得到很快的发展。

二是政治能力。大学生的政治能力体现为具有明确的学习目的性，具有全心全意为人民服务的思想和高尚的道德情操，具有共产主义的理想信念。正确理解、自觉坚持党的路线、方针和政策，自觉适应社会发展的形势，明确是非标准，区分真理谬误。大学生政治能力的提高必须通过系统地学习政治理论课、学习时事政治，以及参加有组织的社会活动来进行。

大学生的政治能力基本上是很强的，但有的大学生的政治能力较弱，缺乏明确的学习目的及全心全意为人民服务的思想，在政治上比较幼稚，对社会上的一些问题往往有一些不正确的偏激认识。

三是适应能力。适应能力主要表现为能动地适应客观环境，能在不断发展变化的条件下，通过改变行为方式来适应新的环境。大学生在初入校时都面临着一个适应大学学习生活的问题，通过教师的指导，以及自己的学习，能逐步适应大学的学习方式和学习环境；大学生通过集体生活的磨炼，独立生活的能力增强，与人和谐相处的能力提高；大学生自我意识的发展提高了自我认知和评价的能力，这为良好地适应大学学习生活，良好地适应客观环境奠定了基础，使大学生的社会适应能力逐渐增强。但有些大学生社会适应能力发展较慢。

四是组织管理能力。这是指大学生完成一定的任务，制订计划和方案，并进行组织、指挥和有效控制，发挥群体效益的能力。它主要包括领导能力、决策能力、协调能力、社交活动能力，以及处理人际关系的能力。大学生在完成活动任务以及毕业后的工作中，常常会遇到需要与他人协同完成任务的问题，没有一定的组织管理能力，是很难胜任的。以工科大学生为例，即使是技术人员、工程师，也有管理工作，所以管理工作能力是不可缺少的。然而，不少大学毕业生知识面不宽，组织管理能力不强，不善于协调和处理人际关系，有些人既不善于领导别人，又不乐意接受别人的领导。为了克服这些不足，大学生应积极参加社会实践活动、集体活动和业余社团活动，主动担任一些社会工作，以培养、锻炼自己的组织管理能力。

五是创造能力。创造能力是用已积累的丰富知识，在头脑中独立地创造新的形象、提出创见和做出发明的能力。创造能力是认知能力与实践能力的高度结合。大学生的创造能力尚处于开发阶段。随着知识、技能的掌握，以及在教师引导下，大学生会自觉地培养创造性分析问题和解决问题的能力。

大学生具备了上述五个方面的能力，并组成一个完整的结构，那么不管是从事业务工作，还是从事政治活动或其他活动，都可以得心应手。

二、大学生心理健康教育

随着社会不断发展和进步，世界各国都十分重视对大学生的心理健康教育和心理咨询。大学生心理健康教育和心理咨询对人的行为和生活方式的影响，以及对人类健康的作用越来越得到世界各国教育界的认可和社会的认可。在大学生中开展心理健康教育和心理咨询对实现我国社会主义教育方针、培养德智体全面发展、树立大学生健康意识和提高心理素质有着十分重要的现实意义和深远的战略意义。

（一）心理健康教育的现实意义

一是从大学生心理特点看心理健康教育的必要性。心理学的研究表明，人在不同年龄阶段有着不同的心理特征。大学生正处在人生中的四大高峰期，即生理变化高峰，身体发育成熟并已定型；智力高峰，一生中平均智力达到最高水平；需求高峰，包括事业、理想爱情和衣食住行等社会需要；创造高峰，不保守，倾向变革，追求新事物，富有创造性。这些特征使大学生的自我意识、自我评价、自我控制、自我教育不断强化，说明大学生已经对自己的思想行为和生活方式具有能动的调节作用。通过心理健康教育，把这种能动的调节作用引导到正确轨道上显得十分必要。教育学的研究表明，大学生的大脑已经成熟，是学习、掌握科学文化知识的最佳时期。开展心理健康教育可以学会科学用脑，使大学生的潜能得到充分发挥，使大学生的观察能力、记忆能力、思维能力、想象创造能力和实际操作能力这五个智力要素得到协调发展，从而提高学习效率。人才学的研究还表明，心理素质是人才结构的重要组成部分，是人取得各项事业成功的基本素质和内在动力源。开展心理健康教育有助于提高大学生的社会适应能力和应付各种困难挫折的能力，满足社会主义市场经济对人才心理素质的要求。

二是从当代大学生的心理健康状况看心理健康教育的紧迫性。虽然自改革开放以来，我国的国民经济飞速发展，人民生活水平较大提高，大学生的身体健康状况也有了好转。但许多大学生的生理卫生、心理卫生常识十分贫乏，对生理上和心理上的正常变化缺乏科学的认识，严重地影响了学习效率和生活规律。还有的大学生遇到困难和挫折时，自我保健意识差,不能适时地实施自我保护,调节和控制自己的情绪。更有少数学生陷入宿命论,相信算命、看风水、看手相等迷信方法。这些现象也急需通过心理健康教育和心理咨询加以引导。在校期间的各种压力使大学生的心理受到强烈的冲击和挑战;日益激烈的社会竞争也加大了大学生的就业心理压力加大,产生浮躁、自卑、彷徨等倾向,这些都说明心理健康教育和心理咨询势在必行,而且十分紧迫。

(二)心理健康教育的深远的战略意义

大学生是我国社会主义现代化事业的建设者和接班人,是建设社会主义的栋梁之材。如何培养和教育大学生树立自强、自尊、自信的民族精神;如何培养大学生勤奋学习、刻苦钻研、勇于创新的治学精神;如何指导大学生在伦理道德观念、知识结构、能力、人际关系、心理素质等方面适应社会主义市场经济的要求;如何使大学生正确处理家庭、社会、个人之间出现的矛盾、困难、挫折等,都是教育界和德育工作者需要共同研究和解决的新课题。开展心理健康教育在解决这些课题方面具有深远的战略意义。

1. 有助于高素质人才的培养

各高校认真贯彻党的教育方针,重视大学生德智体诸方面的发展,大学生的全面素质总体上比过去有了提高。但在我国,许多大学生缺乏必要的心理健康知识,面对各种激烈环境和复杂的人际关系的适应能力,存在不少心理健康问题,心理疾病率有逐年增长的趋势,这引起了教育界和德育工作者高度重视,高校开始逐渐开设心理健康教育课。目前的大学生不论是在思想观念上,还是在生活方式和行为上,都出现了和他们所承担的光荣使命不相适应的状况,需要通过心理健康教育和心理咨询来帮助他们树立起全面增进健康的意识,不仅懂得增强身体体魄的健康,而且要增加心理健康知识,养成良好的生活习惯,纠正不健康的行为,提高适应社会的能力,促进大学生德智体诸方面健康发展,成为"有理想、有道德、有文化、有纪律"的社会主义建设者和接班人。

2. 有助于提高教育质量

我国的高等教育的教育方针和教育的根本任务是按照社会主义经济、

政治发展的需要，把大学生培养成德智体全面发展的社会主义事业的建设者和接班人。因此，教育的指导思想、教育的内容都要与之相适应，否则，教育质量的提高就缺乏思想基础。教育质量的优劣与大学生的思想问题有密切的关系，而思想问题同心理问题又相互影响，相互联系。心理不健康的学生一般都存在严重的思想问题，学习效率不高，学习成绩不佳。如果这样的学生比例上升，整个学校的教育质量就会明显下降。过去，德育工作仅仅重视思想领域中的问题，没有把德育工作的内容从思想领域扩充到心理领域。现在，各方面的研究表明思想问题和心理问题是不可分的，德育工作不仅要重视思想问题，同时还要重视心理问题。只有使大学生处在良好的（或最佳的）心理状态，教育质量的提高才有心理和思想的保证。

3. 体现党和国家对广大知识分子的关怀和爱护

现在的大学生未来将成为我国各条战线的中坚力量。他们的心理素质如何，很大程度上决定着我国知识分子在现代化建设中所做贡献的大小。因此，我国政府十分重视知识分子的身心健康，早在新中国成立初期就十分重视提高知识分子的生活待遇，关心他们的身心健康。新中国成立70多年来，我国知识分子的生活待遇有了很大提高。但是，有不少知识分子一心扑在事业上，不懂得自我保健，辛劳成疾，英年早逝，给国家和党的事业带来巨大损失。有计划、有目的地在大学生中开展心理健康教育，这是对我国宝贵的人才资源的一种最有效的保护。特别是在世界高科技竞争日趋激烈，社会对各类人才既要求其有健康的体魄，又要求其有良好的心理素质的今天，开展大学生心理健康教育就显得特别重要。

4. 有利于整个中华民族素质的提高和社会主义精神文明建设

新中国成立后，我国的教育事业在一片废墟中逐步恢复并发展了起来，但毕竟底子薄、教育水平不高，能够进入高等学府的青年学生不多，真所谓是千里挑一，甚至是万里挑一，因此整个民族的文化素质并不高。但通过不断努力，我国高等教育有了突飞猛进的发展，高校集中了一大批优秀青年，他们思想活跃，勤于思考，求知欲强，渴望成才，不保守，勇于创新。然而，他们的生理、心理素质和社会适应能力如何，关系到祖国的未来。这是因为，当代大学生是社会公认的学历层次最高的青年群体，他们的生活习惯和健康行为将直接影响整个青年一代，也将影响整个社会生活的质量和水平。由此可见，提高大学生对自身心理健康的责任感和自觉性关系到整个中华民族素质的提高。心理健康教育中一个重要内容就是道德健康。任何一种社会形态都需要一整套与其经济基础和社会制度相适应的道德标准和道德观念，用以调整社会成员之间的相互关系，规范人们的言行。社会主义道德建设是社会主义精神文明建设的重要内容。在大学生中开展心理健康教育，使他们具有较高的道德品质，让讲文明、讲礼貌、讲卫生、热爱集体、遵纪守法、尊敬师长等良好道德风尚在大学校园蔚然成风，这必将带动整个社会道德风尚的提高，从而极大地促进我国社会主义精神文明建设。

第八章 新时代高校思想政治教育"大思政"格局的构建

高校人才培养活动是一项系统性的工程,高校思想政治教育是其中的一个重要环节。高校人才培养的系统性、完善性与高校思想政治教育的效果之间有着密切的关系。我国传统的高校思想政治教育曾发挥了巨大的作用,但如今高校学生主要是"95后"和"00后",他们的学习带有自身的特点与时代性,因此新时代背景下高校思想政治教育面临新的挑战,这就需要采用新的高校思想政治教育观念与教学方法。运用"大思政"的视域来开展高校思想政治教育工作,不仅是对传统高校思想政治教育理念的传承,也是对新时代发展观念与需求的适应,可以将多种资源融入高校思想政治课堂,对大学生展开教育活动,从而促进大学生的全面成长。现如今,由于我国高校思想政治教育的建设工作存在很多问题,并且社会对人才培养有着更高的要求,急需人们采用"大思政"的方式来解决教学中的矛盾。

第一节 "大思政"格局的背景

2015年1月19日,中共中央办公厅、国务院办公厅印发《关于进一步加强和改进高校宣传思想工作的意见》,指出要充分发挥高校哲学社会科学育人功能,深化哲学社会科学教育教学改革,充分挖掘哲学社会科学课程的高校思想政治教育资源,建立健全符合国情的哲学社会科学人才培养质量标准体系,制定实施马克思主义理论、新闻传播学、法学、经济学、政治学、社会学、民族学、哲学、历史学等相关专业类教学质量国家标准，启动实施卓越马克思主义理论人才培养计划，深入实施卓越新闻传播人才、法律人才培养计划。① 哲学社会科学课程思政建设开始启动并不断完善。

2016年5月17日，习近平总书记在哲学社会科学工作座谈会上强调坚持马克思主义在我国哲学社会科学领域的指导地位，指出"我国哲学社会科学坚持以马克思主义为指导，是近代以来我国发展历程赋予的规定性和必然性。在我国，不坚持以马克思主义为指导，哲学社会科学就会失去灵魂、迷失方向，最终也不能发挥应有作用。"② 他要求我国广大哲学社会科学工作者要自觉坚持以马克思主义为指导，自觉把中国特色社会主义理论体系贯穿研究和教学全过程，转化为清醒的理论自觉、坚定的政治信念、科学的思维方法。③

2016年12月8日，习近平总书记在全国高校思想政治工作会议上强调，要坚持把立德树人作为中心环节，把思想政治工作贯穿教育教学全过程，实现全程育人、全方位育人，努力开创我国高等教育事业发展新局面。我们的高校是党领导下的高校，是中国特色社会主义高校。办好我们的高校，必须坚持以马克思主义为指导，全面贯彻党的教育方针。要坚持不懈传播马克思主义科学理论，抓好马克思主义理论教育，为学生一生成长奠定科学的思想基础。要坚持不懈培育和弘扬社会主义核心价值观，引导广大师生做社会主义核心价值观的坚定信仰者、积极传播者、模范践行者。他尤其指出，要用好课堂教学这个主渠道，思想政治理论课要坚持在改进中加强，提升高校思想政治教育亲和力和针对性，满足学生成长发展需求和期待，其他各门课都要守好一段渠、种好责任田，使各类课程与思想政治理论课同向同行，形成协同效应。要加快构建中国特色哲学社会科学学科体系和教材体系，推出更多高水平教材，创新学术话语体系，建立科学权威、公开透明的哲学社会科学成果评价体系，努力构建全方位、全

---

① 张磊. 高校思想政治理论课供给侧问题研究 [M]. 济南：山东大学出版社，2019.
②③ 习近平. 在哲学社会科学工作座谈会上的讲话 [EB/OL]. (2016-05-18). 新华网，http://www.xinhuanet.com//politics/2016-05/18/c_1118891128.htm.

领域、全要素的哲学社会科学体系。①

2018年8月22日，习近平总书记在全国宣传思想工作会议上发表重要讲话，指出坚持马克思主义在我国哲学社会科学领域的指导地位，要建设具有中国特色、中国风格、中国气派的哲学社会科学。②

从习近平总书记在多个场合发表的多次讲话中可见，哲学社会科学以及其他学科都有在课程中进行高校思想政治教育的责任，尤其在立德立学、垂范、思政人文素养的挖掘和价值引领方面都要发挥重要作用。这些论述为高校思想政治教育工作指明了新方向。

教师是人类灵魂的工程师，承担着神圣的使命。传道者自己首先要明道、信道。高校教师要坚持教育者先受教育，努力成为先进思想文化的传播者、党执政的坚定支持者，更好地承担起学生健康成长指导者和引路人的责任。要加强师德师风建设，坚持教书和育人相统一，坚持言传和身教相统一，坚持潜心问道和关注社会相统一，坚持学术自由和学术规范相统一，引导广大教师以德立身、以德立学、以德施教。高校所有的教师都承担着立德树人的使命，立德为先，立德、育人是相统一的。中国古代思想家历来重视立德，重视修身，"内圣外王"是集中体现，人才首先是德行上的圣人和贤人，才能"为生民立命，为天地立心，为往圣继绝学，为万世开太平"。当今学生的培养，德同样是先导，是基础，是灵魂，决定学生的价值取向和人生方向。在社会主义中国，更包括对马克思主义指导思想的坚持和信仰、对中国共产党领导核心的拥护、对中国特色社会主义事业的坚定、对社会主义国家的热爱和奉献、对社会主义核心价值观的主动践行。高校思想政治理论课覆盖所有专业，所有的学生都需要学习。高校思想政治理论课在引导学生自觉接受马克思主义科学理论教育，信仰马克思主义，坚定中国特色社会主义道路自信、理论自信、制度自信、文化自信，坚定共产主义远大理想，树立科学

---

① 习近平. 把思想政治工作贯穿教育教学全过程　开创我国高等教育事业发展新局面——在全国高校思想政治工作会议上的讲话 [EB/OL]. (2016-12-8). 新华网, http://www.xinhuanet.com/politics/2016-12/08/c_1120082577.htm.

② 习近平. 举旗帜聚民心育新人兴文化展形象　更好完成新形势下宣传思想工作使命任务——在全国宣传工作会议上的讲话 [EB/OL]. (2018-08-22). 新华网, http://www.xinhuanet.com/politics/2018-08/22/c_1123310844.htm.

的世界观、人生观、价值观,提高思想道德素养、法律素养,完善品格、健全人格上发挥了重要的思想和价值引领作用。但同时也应该看到,立德树人、立德育人、立德施教的工作并不是思想政治理论课能够包揽完成的,思想政治理论课课程教育只是高校整体教育教学的一部分,除了思想政治理论课,高校其他每门课程都有立德育人、培育高素质人才的责任和功能。

高校思想政治教育工作需要有"大思政"思维,构建全员育人的"大思政"格局,促进高校思想政治教育由思想政治理论课程的建设向课程思政探索的拓展。有时,由于有些哲学社会科学课程还缺少体现中国特色的学科和教材体系,加之授课教师个人的因素,在教学过程中会流露出与高校思想政治教育尤其是思想政治理论课内容相悖的教学内容,极易混淆学生的思想,大大减弱思想政治理论课教育教学的有效性。高校思想政治理论课实效性的取得离不开"大思政"思维,离不开哲学社会科学课程及其他课程教学中立德育人的协同作用的发挥。

第二节 "大思政"与高校思想政治教育的关系

辩证唯物主义认为,人类的认识来源于实践,认识的过程要历经实践、认识、再实践、再认识,循环往复,以至于无穷的形式。高校思想政治教育作为人类社会的一项实践活动,人类在认识它的过程中也遵循着实践、认识、再实践、再认识的客观规律。"大思政"概念的提出就是人们在高校思想政治教育实践活动的认识基础上,通过对高校思想政治教育的再实践的一种再认识。因此,"大思政"概念并不是古已有之,而是在新的时代下人类经过反复的实践和认识的基础上提出的新概念、新表述、新范畴。对于高校的"大思政"的含义,诸多学者认为,高校大思政就是指通过思政队伍、教育内容、教育环境、实践教学等各方面的整体改革与系统优化,构建全员、全过程、全方位育人的最大合力。[1] 从高校思想政治

---

[1] 李卫东. 地方院校德育研究(第11辑),用习近平新时代中国特色社会主义思想引领高校德育[M]. 武汉:武汉大学出版社,2019.

教育本质上看，高校思想政治教育活动通过全员的参与、全过程的教育、全方位的发力来实现最大程度上的育人，是高校思想政治教育的最高境界，也是高校思想政治教育发展的逻辑必然。对于"大思政"工作格局我们可以理解为在原来高校思想政治教育工作格局的基础上，通过对高校思想政治教育诸要素进行时空、内涵、外延上的无限延展，达到"大思政"的一种应然的状态布局，形成了"大思政"工作格局。从当前形势来看，高校"大思政"工作格局的构建响应了时代的号召，遵循了高校思想政治教育发展的规律，对于高校的科学发展有着重要的意义。

一、强化了主流思想的地位

当前，我国高校的高校思想政治教育主要是以马克思主义的主流意识形态教育和党性教育为主要内容。构建高校大思政工作格局，旨在通过对全员进行全过程的马克思主义理论教育、理想信念教育、爱国主义教育，使受教育者树立正确的马克思主义世界观、政治观、人生观、法治观、道德观，使受教育者在经济全球化、政治多极化、文化传播网络化中面对各种社会思潮、多元价值的冲击时能够理出一条清晰的思路，分清主流和支流，做出正确的价值判断和价值选择，增强自身抵御和防控风险的能力，并坚定不移地拥护我国社会主义各项事业的发展，树立远大的目标和崇高的人生理想，立志为实现中华民族伟大复兴而艰苦奋斗。

二、增强了高校思想政治教育的实效性

原有的高校思想政治教育工作由于仅依赖高校思想政治教育理论课，而高校思想政治教育又属于注重理论的专业，与人们实际生活联系并不够紧密，因而导致高校思想政治教育教学效果并不显著。而高校"大思政"工作格局的构建把高校思想政治教育诸要素全部调动起来，形成人人育我、事事育我、时时育我的大高校思想政治教育格局。在这个大高校思想政治教育格局当中，每一个人都可能同时兼有教育者和受教育者的双重身份，每一件事物都可能是高校思想政治教育进行施教的依托物，每一个时间段都可能是高校思想政治教育进行施教的时间。高校思想政治教育通过人们的活学活用，使得高校思想政治教育的针对性和实效性大大增强。

三、提升了高校的办学效益

高校的立身之本在于立德树人，高校办学的目的就在于通过教书育人来培养祖国未来合格优秀的继承者和建设者。高校"大思政"工作格局的构建使得立德树人的工作得到广泛的普及，而做好了一定程度上的育人工作将使得学生从高校思想政治教育中汲取正能量，树立正确的世界观、价值观、人生观，保持乐观阳光、积极向上的健康心态，充满自强不息、勇于创新的奋斗精神，这些优良品质将有利于学生更进一步地学习知识文化和各门专业技能技巧，有利于学生德育和智育水平得到提高，整体素质得到改善，学校办学效益得到提高，促进高校各项工作的科学发展。

第三节 "大思政"理念下高校思想政治教育的策略

一、高校传统高校思想政治教育工作格局及局限性

原有的高校思想政治教育工作由于缺乏"大思政"观的视野和理念，且未形成系统完善的高校思想政治教育资源诸要素的整体联动机制，导致目前的高校思想政治教育工作格局呈现出高校思想政治教育理论课担起全部育人的责任，而高校思想政治教育其他的教育资源要素偏离育人的中心，彼此之间未能紧密相连。

（一）课外教育资源利用不充分

在全国高校思政工作会议上，习近平总书记指出，高校思想政治工作关系到高校培养什么样的人、如何培养人以及为谁培养人的这个根本问题，要坚持把立德树人作为中心环节，把高校思想政治教育工作贯穿教育教学全过程，实现全程育人、全方位育人，努力开创我国高等教育事业发展新局面。可见，高校思想政治教育理论课不同于其他门类课程。高校思想政治教育是培养人如何做人、做什么样的人的问题，而这些将伴随受教

育者的一生，因此高校应抓住一切机会，尽最大努力，在最大范围内持久而深入育人。然而，当前我国高校思想政治教育工作基本上只是依赖于课堂上的教学，教师完成教学任务和学生考试成绩合格达标就意味着这门课程的结束，在课堂外的其他时间并不再继续进行系统的高校思想政治教育。这样做的后果就是不仅浪费了很多课外教育资源，还直接导致教师和学生普遍的形式主义，教师只为完成教学任务而不用心教学，学生只为考试合格而随意应付。

（二）高校思想政治教育理论课与其他各类课程各耕其田，未形成合力

众所周知，高校的立身之本、成事之基就是"教书、育人""传道、受业、解惑"。"教书"和"授业"，我们可以理解为向学生传授知识与技能；而"育人"和"传道"，我们可以理解为培养学生的道德品格。学校既传授知识，也培养技能，但更为重要的是帮助学生树立正确的世界观、人生观、价值观，塑造学生的品格人性，使其成为一个有道德、有情操、品格高尚的人。正如英国哲学家赫伯特·斯宾塞所说，教育的目的在于品格的形成。由此而知，"育人"的工作应当贯穿高校所有的工作和所有的教学活动，所有的教师也都应该参与进来。然而，当前我国高校的育人工作仅依赖高校思想政治教育理论课这个主渠道，作为育人的其他渠道（如各门专业课、其他课程）并未参与进来，他们只注重传授自己专业领域的知识和技术，而对于育人的工作则少有涉及。

（三）高校思想政治教育主体之间各行其是

大学生高校思想政治教育工作队伍的主体是学校党政干部和共青团干部，马克思主义理论课和哲学社会科学课教师，以及辅导员和班主任。初看起来，各部门各个职位的职能分工明确，井然有序。这些现有部门职位职能的设定对高校思想政治教育工作进行了很详细的划分，各部门、各职位的负责人各司其职，各谋其政，在一定程度上防止了高校思想政治教育在某些领域上的混淆和边界模糊不清的问题，有利于高校思想政治教育工作科学地进行和发展。但不可忽视的是，正是因为把高校思想

政治教育内部各个领域划分得过于细化，导致各部门的局限性显露出来，如领导层的高校思想政治教育工作者平时较少直接接触学生，对学生更真实的一面了解不够，难以精准地把握住学生的全部特点，但他们往往是学校制度、规则、各类教学活动的管理者和决策者，对高校思想政治教育工作各项事务的管理和决策在很大程度上影响到高校思想政治教育的效果。教师通常具备较系统和完备的专业知识，能够给学生进行系统的理论引导，但是他们和学生日常接触不够，且平日大多是大课堂教学，难以把握每位学生的特点，进行因材施教，因此教师讲授的理论往往难以引起学生的兴趣。辅导员和学生接触的时间较多，可以更全面、更真实地了解每位学生的特点，但辅导员相对于专业教师来说通常欠缺更专业的知识和理论素养，导致他们无法更为有效地对学生进行日常高校思想政治教育。

二、新时代高校思想政治教育"大思政"格局的形成

（一）高校思想政治教育"大思政"格局建立

2016年12月7日至8日，习近平在全国高校思想政治工作会议上强调：做好高校思想政治工作，要用好课堂教学这个主渠道，思想政治理论课要坚持在改进中加强，其他各门课都要守好一段渠、种好责任田，使各类课程与思想政治理论课同向同行，形成协同效应。突出强调思想政治工作要用"大思政"理念的引领，围绕立德树人这一根本任务，大力加强大学生高校思想政治教育。要把思想政治工作贯穿教育教学全过程，建设"三全"育人格局，要用好课堂教学这个主渠道。思想政治理论课要坚持在改进中加强，提升高校思想政治教育亲和力和针对性，与其他各门课形成协同效应。2019年8月14日，中共中央办公厅、国务院办公厅印发了《关于深化新时代学校思想政治理论课改革创新的若干意见》，指出教育是国之大计、党之大计，承担着立德树人的根本任务。思政课是落实立德树人根本任务的关键课程，发挥着不可替代的作用。这给予了新时代学校思想政治理论课改革创新以详细全面的指导，极大地鼓舞了思政教育工作者改革创新。新时代高校思想政治教育必须围绕立德树人这一根本任务，树

立大思政教育理念，积极构建"大思政"工作格局和视野，形成"大思政"的合力、凝聚力，实现全员育人、全程育人、全方位育人。

（二）高校思想政治理论课的育人使命要求

高校思想政治理论课的育人使命是什么？对于这个问题，2016年12月7日至8日，习近平在全国高校思想政治会议明确指出，高校思想政治工作关系高校培养什么样的人、如何培养人以及为谁培养人这个根本问题。马克思主义是立党立国的根本指导思想，是中国特色社会主义事业的指导思想。高校思想政治理论课承担着马克思主义理论教育、巩固马克思主义主流阵地和贯彻党的教育方针等任务，高校思政课是对大学生进行主流意识形态教育的主要渠道和阵地，是服务社会主义、服务人民和党的中心工作。大学生通过思政课学习马克思主义基本理论，接受马克思主义思想，树立正确的"三观"，并以社会主义核心价值观为引领，成长为社会主义事业的合格建设者和可靠接班人。思想政治理论课的育人使命与立德树人的教育目标是完全一致的。思政课要培育学生的社会主义核心价值观，将培养与践行社会主义核心价值观融入教书育人全过程；要强化对学生的思想引领，将道德教育贯穿思政课教学全过程。

（三）全国高校思想政治教育"大思政"格局发展迅速

全国各高校积极响应，构建协同育人"大思政"格局。例如，上海大学"大国方略""时代音画"等系列思政课，天津高校思政课名师工作室"李朝阳工作室"等。2017年湖北省高校工委创新提出"五个思政"，打通育人"最后一公里"，是落实"三全育人"理念的湖北品牌，获得了教育部等国家部委的充分肯定。华中科"大思政"选修课"深度中国"，武汉大学"六院士同上一门课"，湖北经济学院"网红思政课——当代中国"等，是"五个思政"推进综合改革示范点。2018年湖北省委高校工委、省教育厅印发《"五个思政"改革示范点实施方案》，进一步深入推进"五个思政"改革创新。武汉大学、华中科技大学等五所高校为综合改革示范点，中国地质大学、三峡大学等十所高校为单项改革示范点，围绕"五个思政"进一步拓展深化。新时代改革创新高校思想政治教育，引导大学生成长、成才，构建"大思政"育人格局是适应时代发展潮流的必然。在新时代用习近平新时代中国特色社会主义思想铸魂育人，贯彻党的教育方针，落实立德树人根本任务，为推进思政课建设指明了前进方向。

三、新时代高校思想政治教育"大思政"

（一）新时代高校思想政治教育"大思政"的内涵

"大思政"不仅指思政理论课程，而且包含"大思政"课程体系和"大思政"工作体系两个方面。"大思政"教育理念是高校思政课的主要核心体现，同时，把大学生生活和学习中的高校思想政治教育与思想政治课教学相结合，将学习理论融入实践活动，"大思政"教育理念更为广阔，包含有三大部分，即校内课堂、校外实践、校内实践。通过这三个层次教育模式层层推进，充分发挥学生的主体作用，促进学生主观能动性，从而让学生在体验中、情景中感悟，形成正确的"三观"，构成"大思政"教育理念的思政课教学体系，实现理论教学与实践教学共同发展。新时代"大思政"是指运用系统论的观点，把学校教育的诸多要素进行有机整合，构建全员、全过程、全方位育人的大学生思政教育理念，实现高校思想政治教育立德树人核心目标。

（二）新时代高校思想政治教育"大思政"的优势

建立"大思政"格局需要结合"大思政"教育理念的规律和特点，制定具有可操作性的教育模式和体系。

第一，以实践性为特点的教育模式。"大思政"教育理念要求将校内课堂、校外实践、校内实践三者相结合，也就是将理论与实践相结合，通过课堂中的"学"与课堂外的"做""看""听"等，切实将知识点有针对性地传递给学生，使学生充分将理论知识应用于实践当中。"大思政"教育理念还强调要将社会、学校、学生结合起来，让学生不仅能看到校园中的"知识"，还要能够看到社会上的"时政"，既关注课堂教学，又要重视课外实践，只有这样才能充分激发学生的学习兴趣，学生才能真学、真信、真懂。

第二，以开放性为抓手的教育方式方法。如今，随着时代的进步，"95后"与"00后"学生的自我意识更加强烈，过去那种被动接受教学，教师进行"满堂灌"的教学时代已经一去不复返。特别是对于高校思政课教学来说，不能拘泥于传统教学模式，形式要丰富多彩、生动形象。

第三，以延伸性为亮点的教育过程。"大思政"教育理念不仅包含学生在校期间，也不仅是在校园内，其范围是无限延伸的，包括校内校外，网上网下，思政课和专业课，品德修养和专业素质，等等。

对于学生从入学到毕业的整个大学生涯，都要坚持采用以人为本、德育为先的教育原则。"大思政"是与学生生活息息相关的学科，涉及学生的言谈举止、礼仪规范等。因此，在教学中，既要重视学生的理论知识，同时也要注意学生的个人素养，从而避免使素质教育流于形式。

（三）新时代高校思想政治教育"大思政"的原则

大思政教育理念要遵循以下几个原则。一是以学生为中心。这体现了以人为本，尊重人的发展的人本思想。重视学生成才、成长的需求，引导学生形成正确的思想观念，培养积极向上的价值观，让学生真正体会到高校思想政治教育有利于个体综合素质的提高，有益于自身能力提升。二是育人为本，德育优先的理念。三是全员育人、全过程育人、全方位育人的工作方法。

四、新时代高校思想政治教育"大思政"格局下教学改革探索

（一）思政课"四位一体"改革模式探索

以学科建设为依托，以科学研究为支撑，以问题为导向进行专题化改革，辅之以网络教学、实践教学。专题讲授+网络辅助+实践体验+过程评价"四位一体"改革创新模式形成了课堂专题教学为中心，网络学习为必要补充，实践体验式感悟，过程考核评价为特色的新模式。

首先，科学设计专题库，以问题为导向，对教学内容进行有效整合与优化，针对思政教学内容中的重点、难点问题、社会热点问题，以及学生的实际情况和学习需求，有针对性地设计专题，提升教学的理论深度、知

识广度和现实关注度。

其次，网络资源平台建设。实现课堂外优质资源对课堂教学的重要补充，将教学的课件、重点、难点指导等基本教学资源和与专题式教学、考试题库、实践调研选题等方面相结合，对于囿于课时限制而无法纳入课堂教学的各种资源，应向学生开放和共享，为学生自主学习提供便捷条件。对课后作业、课外阅读资料、视频资料等拓展资源进行建设，并安排专职教师和课程助教负责管理上网课程和互动学习社区。

再次，开展形式多样的实践体验式学习活动。探索课内实践、校内实践、校外实践的多种实践教学形式，让学生走出课堂，参观历史遗迹、爱国主义教育基地，进行乡土人情、历史沿革等调查活动，在实践中提升学生感悟历史、尊重人民的素养，养成一种家国情怀。采用专题教学与实践教学进行研究性学习有机结合的教学模式。

最后，建设过程考核评价体系。可借助新的技术手段，科学合理设置各类考核指标，并结合学生日常学习、积极参与教学的各个互动环节等进行考核评价。"四位一体"改革创新模式使教、学、感、评联动同步结合。专题教学＋网络辅助＋实践体验＋过程评价"四位一体"模式形成了课堂专题教学为中心，网络学习为必要补充，实践体验式感悟，过程考核为特色的新模式，强调学生的获得感、体验感和认同感。

（二）构建学生为主体的实践思政课

传统的理论思政课程以教师为中心、教材为中心、以课堂为中心，不利于发挥学生的主动性和创造力，不利于调动学生学习积极性和主动性。建构以学生为主体的实践思政，重建以学生为中心，以活动为中心，以情境为中心"新三中心"。教师不再是课堂的主导者，而变为引导者，通过设计实践教学环节，引导学生主动学习和思考，这有助于与学生建立良好的互动和谐的师生关系。教师要积极转变教学观念和思维方式，引导学生主动参与到实践活动中来，锻炼学生自主学习能力和意识。通过与学生交谈、访谈、问卷调查等方式，了解学生的现状和爱好，开展形式多样的实践思政课。

（1）开展各种丰富的竞赛活动，如结合重大历史事件、纪念活动等开展党史知识竞赛、新中国成立70周年知识竞赛、改革开放40周年竞赛活动等，还可以开展主题教育演讲比赛、辩论赛诗词大赛等，将高校思想政治教育贯穿大学生日常学习。

（2）开展各种文艺活动，如红歌演唱比赛、历史情景剧表演、文艺欣赏、红色电影周等，寓教于乐，在轻松的氛围中达到润物细无声的教育效果。

（3）开展各种社会实践考察调研活动，如前往历史红色遗址去凭吊革命先烈，组织到工厂、新农村去调研考察，亲身体会社会主义建设取得的伟大成绩，以及组织到养老院开展义务扶助，到基层开展志愿者服务等。这些活动可以使学生不再局限于书本知识，懂得如何运用知识和原理，在实践中检验真理、发现真理，从而调动学生的积极性和主动性，师生共同研讨，共同参与。思政道德内容本身具有极强的生活性和实践性，来源于生活和实践，是对现实的高度总结概念，又经过实践反复检验。学生通过自身实践，在生活中活学活用所学的知识，树立正确的"三观"。

（4）线上线下互动结合。在"互联网+"时代，传统教育方式已经不适应时代发展，用新的方式传播优秀传统文化，让大学生认同传统文化，感受、体悟优秀传统文化，从而树立文化自信。要运用新媒体、新技术使工作活起来，推动思想政治工作传统优势同信息技术高度融合，增强时代感和吸引力。运用互联网的多媒体技术优势，用文字、声音、图画、色彩、影视以及三维空间、虚拟视觉等各种方式进行信息的整合与传播，从而把枯燥的理论、教条的语句转化为生动和形象的文字或图像等。传承和超越传统文化，推陈出新，建设适应时代需要的传统文化网络教育平台，推动传统文化网络传播，制作适合互联网、手机等新兴媒体传播的传统文化精品佳作。运用"互联网+"技术手段和成果，将传统文化融入网络资源平台，课外阅读资料、视频资料等拓展资源向学生开放和共享，为学生自主学习提供便捷，实现课堂外优质资源对课堂教学的重要补充。大学生朝气蓬勃，善于接受新事物、新现象，要结合这一特点，充分利用多媒体传播载体，以及有意识地开发和运用文学艺术、电影、电视剧等娱乐载体，达到潜移默化的宣传和教育目的。

以学生为本，以学生为主体，促进学生全面发展和综合素质的提高为目标，注重培养学生的自主性、探究性和创造性。创新教学方式"教""学""感""评"的有机结合，使学生真学、真信。增强思政课协同育人理念，实现与其他课程同向同行、协同育人，引导当代大学生积极培育和践行社会主义核心价值观，充分发挥高校思想政治教育立德树人功能。思想政治理论课及专业课共同推进"大思政"格局构建，实现全课程、全方位育人，完成思想政治理论课建设任务，实现立德树人的育人目标。贯彻落实习近平总书记的重要讲话精神，推动思政课改革创新，不断增强思政课的思想性、理论性，以及亲和力、针对性，在全校上下形成协同育人、共同办好思政课、教师认真讲好思政课、学生学好思政课的良好氛围。

参考文献

[1] 安东尼·吉登斯. 社会学 [M]. 赵旭东, 等译. 北京：北京大学出版社, 2003.

[2] 陈阿娣. 新媒体时代高校学生党员教育管理工作探析 [J]. 科学咨询（科技·管理）, 2021 (6).

[3] 陈秉公. 思想政治教育学原理 [M]. 沈阳：辽宁人民出版社, 2001.

[4] 陈霞. 习近平新时代中国特色社会主义思想统领高校思想政治教育改革发展探析 [J]. 新余学院学报, 2019 (2).

[5] 邓小平. 邓小平文选（第三卷）[M]. 北京：人民出版社, 1993.

[6] 杜威. 教育中的道德原理 [M]. 赵祥麟, 等译. 北京：人民教育出版社, 1994.

[7] 冯文广. 高校思想政治教育模式研究 [M]. 成都：西南交通大学出版社, 2003.

[8] 李卫东. 地方院校德育研究（第11辑），用习近平新时代中国特色社会主义思想引领高校德育 [M]. 武汉：武汉大学出版社, 2019.

[9] 龙溪虎. 幸福观教育：思想政治教育的人文关怀维度 [J]. 求实, 2009 (12).

[10] 卢红学. 高等职业教育人才培养模式构建论 [M]. 桂林：广西师范大学出版社, 2007.

[11] 罗长虹, 罗德海. 高等学校中长期人才发展规划纲要（2010—2020）贯彻实施手册 [M]. 北京：北京大学出版社, 2010.

[12] 马卡连柯. 儿童工学团工作方法的经验 [A]. 马卡连柯全集（第5卷）[C]. 北京：人民教育出版社, 1956.

[13] 马西萍. 重视人格教育塑造学生健全人格 [J]. 人民教育, 2002 (7).

[14] 毛泽东. 毛泽东选集（第二卷）[M]. 北京：人民出版社, 1991.

[15] 毛泽东. 毛泽东选集（第三卷）[M]. 北京：人民出版社, 1991.

[16] 梅萍. 当代大学生生命价值观教育研究 [M] 北京：中国社会科学出版社, 2009.

[17] 全国十二所重点师范大学. 心理学基础（第2版）[M]. 北京：教育科学出版社, 2008.

[18] S. 拉塞克，G. 维迪努. 教育内容发展的全球展望 [M]. 北京：教育科学出版社, 1992.

[19] 宋佳. 弘扬伟大建党精神 传承红色基因 [J]. 学理论, 2021 (12).

[20] 宋元林等. 网络时代大学生思想政治教育导论 [M]. 长沙：湖南人民出版社, 2002.

[21] 苏霍姆林斯基. 给教师的建议 [M]. 杜殿坤, 译. 北京：教育科学出版社, 2001.

[22] 苏振芳. 思想政治教育学原理 [M]. 厦门：厦门大学出版社, 2000.

[23] 孙亮，邓力. 高校思想政治工作与构建和谐校园研究 [M]. 南昌：江西高校出版社, 2019.

[24] 孙其昂. 思想政治工作对象的研究现状与深化思路 [J]. 河海大学高等教育学报, 1994 (5).

[25] 孙其昂. 思想政治教育学基本原理 [M]. 南京：河海大学出版社, 2004.

[26] 谭顶良. 高等教育心理学 [M]. 南京：南京师范大学出版社, 2018.

[27] 习近平. 把思想政治工作贯穿教育教学全过程 开创我国高等教育事业发展新局面——在全国高校思想政治工作会议上的讲话 [EB/OL].

（2016 – 12 – 08）. http：//www.xinhuanet.com/politics/2016 – 12/08/c_1120082577.htm.

［28］习近平. 举旗帜聚民心育新人兴文化展形象　更好完成新形势下宣传思想工作使命任务——在全国宣传工作会议的讲话［EB/OL］.（2018 – 08 – 22）. http：//www.xinhuanet.com/politics/2018 – 08/22/c_1123310844.htm.

［29］习近平. 在哲学社会科学工作座谈会上的讲话［EB/OL］.（2016 – 05 – 18）. http：//www.xinhuanet.com//politics/2016 – 05/18/c_1118891128.htm.

［30］肖川. 好教育好人生［M］. 南京：凤凰出版传媒集团，2010.

［31］徐海平. 以"四史"教育引领高职院校学生思想教育的路径探析［J］. 大学，2021（16）.

［32］张磊. 高校思想政治理论课供给侧问题研究［M］. 济南：山东大学出版社，2019.

［33］张阳喜，周书勤，桑希君，等. 新时期大学生思想政治教育问题研究［M］. 呼和浩特：内蒙古大学出版社，2001.

［34］张耀灿，高长舒，王体正. 高校灵魂工程：新世纪高校思想政治教育前瞻性研究［M］. 武汉：武汉大学出版社，2002.

［35］中共中央马克思恩格斯列宁斯大林著作编译局. 马克思恩格斯全集（第一卷）［M］. 北京：人民出版社，1995.

［36］中共中央马克思恩格斯列宁斯大林著作编译局. 马克思恩格斯全集［M］. 北京：人民出版社，1979.

［37］中共中央马克思恩格斯列宁斯大林著作编译局. 列宁全集［M］. 北京：人民出版社，1959.

［38］中共中央马克思恩格斯列宁斯大林著作编译局. 列宁选集（第4卷）［M］. 北京：人民出版社，1995.

［39］中宣部. 习近平新时代中国特色社会主义思想三十讲［M］. 北京：学习出版社，2018.

［40］朱明光，蓝维，等. 思想政治学科教育学［M］. 北京：首都师范大学出版社，2000.